中国S級B級論

発展途上と最先端が混在する国

高口康太：編著
伊藤亜聖＋水彩画＋山谷剛史＋田中信彦：著

さくら舎

はじめに

先進国と途上国のはざまで

「楽しみすぎる。圧倒的先進国、中国。ここから学ばないと次の時代は生き残れないだろう」

これはお笑い芸人の中田敦彦《なかたあつひこ》さんによるニュースサイト「Newspicks」でのコメントだ。このコメントを目にして、「おおっ?!」と声を出して驚いてしまった。貧しくて汚い国、パクリだらけの海賊版と叩《たた》かれまくってきた中国が、気がつけば日本が学ぶべき先進国へと変わっているではないか。

中国＝先進国という印象はなにも中田さんだけのものではない。中国専門のジャーナリストである筆者が大学で講義しても、20歳前後の若者たちの中国イメージは中田さんとよく似ている。

たしかに中国社会に対する最近の報道は、発展の側面を強調したものが多い。中国社会を取り上げるテレビ番組もそうだ。一昔前ならば、道いっぱいの自転車の大群や貧しい農村、疲れた労働者といった画《え》が定番だったが、最近ではさっぱり見かけない。高層ビル、ドローン、キャッシュレス決済、無人店舗などの未来感あふれる社会として取り上げられることが増えた。

貧しい途上国というイメージで語られてきた中国が、気づけばイケている存在に様変わりしている。この急転換に驚いているのは私だけではない。中国人も同じだ。

中国人にとって海外はながらく憧れの地であった。たとえば中国には「外貿」という看板を掲げたお店がある。海外輸出用の優良な商品をそろえた店という意味だ。中国人の多くは舶来品信仰が強く、メイドインチャイナの製品よりもメイドインジャパンのほうが高品質だと信じている。私たち日本人がこれほど中国製品に慣れ親しんでいるいまでも、だ。

紙オムツなども日本製が売れる。ある日本企業はこれほど中国で売れるならばと、中国国内に工場をつくったが、まったく売れなかった。同じメーカーの製品でも日本製のほうが、より品質が高いと思われているためだ。結局、中国工場の設備を日本に持ち帰り、日本生産を拡充することになった。

中国人の舶来信仰は強く、いまでも米国や日本、韓国が進んだ国。中国は遅れた国という意識を持つ人が多い。それなのに、急に外国人から「中国は先進的！」といわれれば、面食らうのも無理はない。

さらに、この「先進国・中国」のイメージは、国際社会の大きな変化にも大きな影響を及ぼしている。２０１８年は米中貿易摩擦《まさつ》が激化する一年となった。トランプ大統領は中国製品の関税を引き上げ、また中国企業による米企業買収を規制。通信大手、華為技術（ファーウェイ）による携帯電話基地局設備の輸出を制限するなど強硬な姿勢を取った。

その背景には、中国の技術力がすでに先端レベルに達しており、近い将来米国を上回るという恐怖感がある。中国の技術水準はすでに世界の最先端にあるのではないか、という認識が、国際政治の底流にもあるわけだ。

B級だからS級になれる「リープフロッグ」現象

この急転換をどう考えればいいのだろうか？　中国はわずか数年間で急激な進歩を遂げたのか、それとも遅れた中国のイメージが間違いだったのか。いや、いまの先進国・中国のイメージこそが誤りなのか。「遅れている、汚い、ダサい、パクり、貧しい」というB級中国、「最先端、テクノロジー、イノベーション、金満」というS級中国、果たしてどちらの中国像が正しいのだろうか？

じつは、「どちらでもある」が正解だ。「遅れた／進んだ」という議論は、社会は決められたルートを通じて成長するという前提から成り立っている。たとえば、「いまの中国は30年前の日本と一緒」というとき、中国は昔の日本と同じような過程を経て成長していくと考えているわけだ。

ところが実際はというと、発展の仕方はかなり違う。なにせ、追いかける側は先進国がどのような成長をしているのかを知っている。バカ正直にねじ曲がった道を一歩一歩進むのではなく、ショートカットして最先端にいきなり追いつこうと考えるのも当然だ。

途上国が先進国の歩んだ道をショートカットして、一足飛びに最先端にいきつく現象。これは「リープフロッグ（カエル飛び）」と呼ばれている。固定電話が普及する前に携帯電話が普及する。パソコンが広まる前に、スマートフォンでのネット活用が一般化する……といった事例が典型だ。こうなると、日本とは違うルートで進んだ中国が、日本よりも便利になっている……ということがあるわけだ。

「先進性」と「後進性」が入り混じる国

その部分だけ見ると、中国は日本よりもはるか先を行っているように見えるが、じつは他の部分を見ると、まだまだ不便だったり、遅れているようなところも多々ある。14億人の人口大国ということもあり、階層や地域の違いも大きい。

高層ビルが建ち並ぶ、きらびやかな繁華街から1本外れると、昔ながらのボロボロの建物が並び、諸肌《もろはだ》脱いだ作業員が荷物を運んでいるなんてこともよくある話。肉屋や八百屋が並ぶ市場に行くと、スマートフォンのモバイル決済に対応している〝先進性〟と、清潔とはいいがたい売り場という〝後進性〟とが同居している。

あるいは中国の遅れた要素が、イケている中国の大前提になっていることもある。第1章で紹介するシェアリングエコノミーはめちゃくちゃ便利なサービスだが、その利便性を支えているのは貧しい非正規労働者たちだ。ちょっと前ならば「無業の遊民」といわれていた人々が、中国のハイテクサービスを支えている。

B級かS級か。二者択一では理解できない現実。遅れているか進んでいるかではなく、日本とは違う形での発展を遂げつつある社会。そうした中国のいまを描き出すのが本書の課題だ。

長期にわたり中国にかかわり、変化を目《ま》の当たりにしてきた5人の専門家が、社会、経済、IT、政治、生活と多角的な視点から中国の変化を解明する。

本書の成り立ちについても一言記しておきたい。書店の中国コーナーをながめていただければ一目瞭然《いちもくりょうぜん》だが、本書は数ある中国本の中でも異色だ。政治や経済の解説、あるいは中国の強権ぶりの批判や、経済崩壊を〝予言〟する本はいくらでもあるが、草の根の視点から、政治から社会、生活まで多面的な視角から中国の現状と変化を読み解いているのは本書だけだろう。

類を見ない、不思議な企画となったのには理由がある。2018年、マッハ新書という小さなムーブメントが起きた。ある特定の分野について知見や思い入れを持つ者が、勢いや情熱をぶつけて、マッハの勢いで電子書籍を出版、販売しようというものだ。編集者もいなければ校正作業もない荒削りな作品の数々は、既存の出版の視点から見ればけっして高品質とはいいがたいが、情熱は通常以上。不思議な魅力に充《み》ちていた。

本書の執筆陣のうち、高口康太、伊藤亜聖の2人もこのムーブメントに参画《さんかく》し、マッハ新書を出版している。そのうち高口の著作を、さくら舎の編集者である松浦早苗さんが目にとめていただいたことから本書の企画ははじまった。

本書もまた、「書き手が伝えたいことをぶつけたい」という情熱の面では、マッハ新書の精神を受け継いでいる。そして、普通の出版企画ではなかなか取り上げられない中国の複雑さ、見落とされがちな些細《ささい》な、しかし重要な面を描けたのではないかと自負している。

執筆者代表　高口康太《たかぐちこうた》

目次◆中国S級B級論——発展途上と最先端が混在する国

第1章　B級中国とS級中国の太極図　高口康太

第2章　不均一なる経済大国・中国　伊藤亜聖

第3章　習近平という政治的転換点　水彩画

第4章　中国のITは本当にS級か

山谷剛史

第5章　分厚くなった中国のステーキ

田中信彦

3　グレードアップする中国人の生活

＊為替レートは1元＝16円。
＊政治家名には日本語読みを付した。
＊本文内の写真は断り書きがあるものを除き1、3章＝高口、2章＝伊藤、4章＝山谷、5章＝田中が撮影。

中国S級B級論

——発展途上と最先端が混在する国

第1章　B級中国とS級中国の太極図

高口康太

1 「段ボール肉まん」ニュースとは何だったのか

悪化した対中イメージ

日本人の対中イメージが悪化している。20世紀までは古代中国への憧れや第二次大戦の贖罪《しょくざい》意識もあって、なんとなく中国にいいイメージを抱く日本人が多かったが、21世紀に入ると印象が一気に悪くなった。内閣府の外交に関する世論調査では、2000年には「親しみを感じる」の割合が48・8％だったが、2018年には20・8％にまで低下している。

それもしようがないだろう、日中関係を悪化させる大事件が数年おきに起きてきたのだから。

2004年、中国で開催されたサッカー・アジアカップで日本代表にすさまじいブーイングが浴びせられるなど、中国の反日感情の高さがあらためて明らかになった。翌年には、日本の国連安保理常任理事国入りに反対する反日デモが起きた。2007年には中国で製造された殺虫剤入りの餃子《ギョーザ》が日本に流通する事件が起きた。

２０１０年には尖閣《せんかく》諸島沖で中国漁船衝突事故があり、中国政府は拘束された船長の解放を求め、レアアースの輸出差し止めなどさまざまな報復措置をとった。２０１２年には香港《ホンコン》籍活動家による尖閣諸島上陸、尖閣諸島国有化を発端にふたたび反日デモが起き、日本料理店が打ち壊しを受けるなどの騒ぎに発展した。

政治以外にも問題はごまんとある。２００８年に中国版新幹線「高鉄（高速鉄道）」が運営を開始した。その車両は日本をはじめとする先進国からの技術供与を受けたものだったが、中国は「国産」であることを強調。実際、部品の国産化比率は年々高まっていき、いまでは盛んに海外輸出をおこない、第三国で日本と競合する事例も多い。中国による技術盗用を非難する声が高まった。

さらに中国の大気汚染がクローズアップされ、汚染物質が日本にまで飛来しているのではないかと報じられるようになった。

２０１４年からは南シナ海の人工島埋め立てがはじまり、中国の対外的脅威《きょうい》が強く懸念《けねん》されるようになった。香港で行政長官の普通選挙を求める雨傘運動が起きたのも同じ年だ。香港中心部を占拠する大規模な運動を、中国政府は黙殺《もくさつ》した。

危ない中国食品!!——あふれる「B級中国ニュース」

こうした一連の流れを見れば、中国に対する親近感が下がるのも無理からぬところだろう。ただ、興味深いのが2000年代後半から中国を恐るべき人権無視の独裁国家、対外拡張主義の覇権《はけん》国家と真正面から批判する路線以上に、「中国はこんなにだめなところがある」とのニュースが出回ったことだ。いくつか例をあげてみよう。

◎中国の段ボール肉まん！　衝撃の食品偽装!!（2007年）
中国中央テレビ（CCTV）は、段ボールを原料にした肉まんが北京市の屋台で販売されていたと報じた。使用済み段ボールを苛性《かせい》ソーダでやわらかくし、包丁で叩いてミンチ状に。これを本物の肉と混ぜ合わせて具にしていたのだとか。潜入取材の記者を前に、製造業者は偽造の手口を明かし、「まだ具の6割は本物の肉で段ボールは4割だけ。これから研究を重ねて、段ボールの量を増やしていくよ」と胸を張った。

◎まるでマンガ?!　マンホールがドッカーン!!（2007年）
安徽《あんき》省合肥《ごうひ》市で地下のパイプが爆発する事故が起きた。爆風によってマンホールと、運が悪いことにちょうど爆発の瞬間にその上を走っていたカップルを乗せたスクーターも吹き飛んだ。「まるでギャグマンガみたいで、めっちゃ笑えた」と目撃者は話している。

◎ニセモノのギネス記録（２００９年）
湖北省《こほく》のリゾート施設で1万人入浴チャレンジがおこなわれ、〝ギネス記録〟に認定された。ただし、この記録がギネスブックに載ることはない。というのも「上海ギネス記録」という、よく知られているギネス記録とは別の認定だからだ。海賊版大国として知られる中国にはさまざまなパクリ製品、ニセモノ製品が登場しているが、ギネス記録のパチモノまで存在しているわけだ。

ちなみに上海ギネス記録を認定する上海大世界ギネス総本部は当初、ギネスワールドレコーズ社の代理店を名乗っていたが、裁判沙汰《ざた》になった後は主張を撤回。今度は、世界のギネスとはまったく無関係の、中国独自の認定記録だと名乗るようになった。

◎麻薬検査で逮捕、原因は〝ドラッグ火鍋〟?!（２０１４年）
陝西省《せんせい》で、尿検査で麻薬成分が検出された市民が逮捕される事件が起きた。被疑者は無実を主張。前日に食べた火鍋《ひなべ》が原因ではないかと訴えた。警察が問題の火鍋料理店を調べてみると、なんと火鍋にけしがらを入れていると判明した。けしがらはけしの実の殻《から》。麻薬成分が含まれているため流通が禁止されているが、料理に使うと客をやみつきにさせるとして、火鍋などの料理に隠し味としてよく使われているのだとか。

とまあ、こんな具合だ。ほかにもゼラチンで作ったニセ卵、プラスチック製のニセ米などのニセ食品ニュース。下水に捨てられた食用油をリサイクルする下水油。高さ十数メートルの等身大ニセガンダムが遊園地に出現。エレベーターが突然落下して事故死。座っている椅子が爆発して大怪我。携帯電話が爆発してやっぱり大怪我。というか、スイカまで爆発した……といったニュースが日々、日本で伝えられていた。

中国政府、中国共産党を真っ向から批判するというよりも、その遅れた社会を笑い飛ばすようなニュースが増えていたわけだ。ウェブニュースが中心だが、ワイドショーなどのテレビ番組でも取り上げられ、中国のトンデモニュースを紹介する本も数多く出版された。こうした中国を笑い飛ばすニュースを、私は「B級中国ニュース」と名付けている。

もちろん、中国は途上国であり貧しい国であったが（いまでも1人当たりGDPは8800ドルと中進国レベルであり、全体として豊かな国とはいいがたい）、中国の貧しさや社会問題を伝える社会派ドキュメンタリーや、チャン・イーモウなどに代表される中国の貧困や農村を描いた中国映画とは異なる中国像が、そこには描かれている。

中国人による自虐ネタが世界に拡散しただけ

この現象は何を背景としているのだろうか。反日デモなどの諸問題が日本人の中国に対する親近感を失わせ、同時に中国はなぜこうなのかという興味をかき立てたことは事実だが、それは根本的な要因ではない。「Ｂ級中国ニュース」の背景にあったのは、中国の変化だ。

段ボール肉まんや下水油などのトンデモニュースは、なにも日本メディアがスクープしたわけではない。中国メディアが事件を報道し、それがインターネットを通じて広がった。海外メディアはそうしたニュースを拾い上げて、翻訳し伝えただけである。

1–1　2010年秋、四川省の遊園地に出現した等身大ニセガンダム。世界的なニュースとなり、取り壊されてしまった（四川省成都市にて匿名希望の中国人Ｎ氏が撮影）

社会主義国として厳しい報道規制がしかれていた中国だが、２０００年代に入り、大きく変化した。背景にあるのはメディアの商業化とインターネットの普及だ。中国においてメディアは「党の喉《のど》と舌（中国共産党の代弁者）」である。その役割はいまも解かれていないが、同時に稼ぐことを要求されるようになった。人々の興味を引くニュースを報道しなければ、企業として成長できない時代が到来したのだ。

それまで隠されていたニュースが次々と記者の手によって暴かれていった。2000年代の中国において、食品衛生や身のまわりの安全など生活に密着するニュース、汚職官僚などの社会的不公正のニュースこそがもっとも〝売れる〟ニュースであった。こうして、B級中国ニュースのタネが次々と生み出されたのだった。

この流れを後押ししたのがインターネットの発展だった。ブログ、そして中国版ツイッターと呼ばれる微博（ウェイボー）によって、一般市民の発信がきわめて容易になった。ネットで話題になったネタを、メディアが後追い報道することで拡散するという流れが出来上がった。

「段ボール肉まんなんてあるんだぜ、中国はひどい国だ」という物言いは海外メディアが発明したのではなく、中国ネットユーザーの自虐的な自国批判から生まれたものだったわけだ。

Ｂ級ニュースはなぜ消えた？

こうしたＢ級中国ニュースは、２０１２年頃を境に急速に減っていく。その理由は２つある。第一に検閲の強化だ。中国共産党のネット検閲の方針はもともと「抗議運動など直接行動を呼びかけるものを取り締まる」ことに重点を置いていた。つまり、「中国の社会はひどい」と嘆《なげ》くことは許されても、「中国の社会はひどい。みんなで変えよう」はアウトというわけだ。ネットのオピニオンリーダーはこの一線をよく理解しており、取り締まられない一線を踏まえて発言していた。

ところが２０１２年秋に登場した習近平《しゅうきんぺい》政権において、ネット検閲の方針は大きく変更する。直接行動を呼びかけるものだけではなく、中国共産党に批判的なものを取り締まる、すなわち予防的な対応だ。捕まらない一線をわきまえていたはずのオピニオンリーダーや人権派弁護士が大量に逮捕、有罪判決を受けたことは大きな萎縮《いしゅく》効果をもたらした。

その一方で、「正能量（プラスのエネルギー）」と呼ばれる前向きなメッセージを称揚《しょうよう》し、インターネット論壇のムードを中国共産党に迎合的な方向に誘導しようとした。

そして第二の理由だが、中国のインターネットの拡大である。ＣＮＮＩＣ（中国インターネット情報センター）の統計によると、中国のインターネットユーザー数は２００５年時点で１億１１００万人。この時点では、インターネットを使っているのは大学生や知識人、企業のホワイトカラー層などが中心で、それだけに社会問題への関心も高かった。

２０１８年７月時点でユーザー数は８億人を突破。普及率は57％と過半数を超えている。ユーザー数の拡大によって生まれたのがタコツボ化と大衆化だ。ネットが普及していない時代には、中国のインターネットユーザー全員が注目し怒るような事件があったが、８億人ともなると、その興味関心はバラバラだ。自らの興味がある情報しか知らないようになっていく。

興味を持たれるトピックごとに数多くのタコツボがあるわけだが、その中でも多くの人の関心を集めるのは、社会問題ではなく、エンターテインメントや芸能などだった。この国をよくするためにはどうあるべきかと天下国家を語って楽しめる人はごく一部。芸能人のゴシップやら、話題の映画やドラマ、スポーツのほうが気になってしまう。

大衆化社会のトレンドは中国のみならず、世界中どこでも変わらない。ごく少数のエリートのためのツールから、大多数の大衆のためのツールへとインターネットが変わったことによって、Ｂ級中国ニュースはしだいに中国のメディア空間で減っていった。そして、影響はネタの供給源を失った日本など海外にまで波及した。

振り返ると、Ｂ級中国ニュースは大きな誤解に基づくものだった。中国を小馬鹿にするニュースは、メディアの商業化やインターネットの普及など中国社会の発展によって生み出されたものだったのだから。一つずつのニュースは遅れた中国との印象を与えるものだったかもしれないが、明らかな進歩が含まれていたのだ。

筆者も含め、当時においてＢ級中国ニュースが持っていたＳ級中国の可能性に自覚的だった論者は皆無《かいむ》だったのではないだろうか。

2　山賊たちが世界を制した

スマホ世界トップ10のうち7社が中国

いまや生活に欠かせない必須アイテムとなっているのが携帯電話、スマートフォンだ。２０１８年、そのスマートフォン業界で歴史的な逆転劇が起きた。出荷台数ランキングで長年、世界2位を守ってきたアップルが陥落したのだ。

追い抜いたのは中国の華為技術（ファーウェイ）だ。もともとは携帯電話会社に基地局設備を販売する通信機器メーカーとして世界一に君臨する大企業だが、携帯電話端末でも飛躍的な成長をつづけている。アップルを追い抜いたいま、残るは韓国のサムスンだけだ。

ファーウェイの躍進も凄まじいが、それ以上に驚かされるのは世界のスマートフォン業界に占める中国メーカーの存在感だ。世界トップ10を見ると、米国のアップル、韓国のサムスン、LGをのぞく7社は中国メーカーだ。

日本のシェアはアイフォーンが圧倒的に高いため世界全体の潮流とは乖離《かいり》しているが、世界のほとんどの地域で中国メーカーが存在感を高めている。単に売れているだけではない。ディスプレイを囲む枠を極限まで薄くした狭縁《きょうぶち》ベゼルや、レンズ数を増やしてカメラ性能を高めたトリプルレンズ、あるいは画面に指を押し付けただけで認証できるディスプレイ内指紋認証など、最先端のトレンドは中国メーカーが真っ先に取り入れている。

かつて「中華スマホ（中国メーカー製のスマートフォン）」といえば、安かろう悪かろうの代名詞であり、アイフォーンそっくりのパクリメーカーとバカにされてきたわけだが、気がつけば堂々たる地位を示している。

S級中国の代表格となった中華スマホは、どのようにしていまの地位をつかんだのか。いまや世界を席巻《せっけん》するエリート企業となった中華スマホだが、その体には〝山賊〟のDNAが刻み込まれている。

B級〝山賊〟携帯とイノベーション

山寨《さんさい》携帯をご存じだろうか。山寨とは山中の砦《とりで》を意味する。そこに住むのはロビン・フッドや水滸《すいこ》伝《でん》の豪傑《ごうけつ》。政府の支配を逃れた山賊たちだ。つまり、山寨携帯とは政府の管轄の外にある、有《う》象《ぞう》無《む》象《ぞう》のノンブランド携帯を指す。

ご存じのとおり、中国は社会主義国家だ。改革開放政策によって資本主義を導入したが、社会主義的な国家主導の産業政策も併存していた。２０００年代初頭、中国は携帯電話市場の産業計画を立案した。その内容はというと、ライセンスを与えた一部メーカーのみに生産を許可するというものだった。プレイヤーの数を制限することで、メーカーは比較的競争がゆるい状況下で成長し、国際的大企業へと成長していく……という青写真を描いていた。

選抜された一部企業に優遇《ゆうぐう》措置を与え、成長をうながす……これは中国の産業政策によくあるパターンだが、大方の場合は失敗する。優遇された企業は市場のニーズを読み取ることよりも、政府の顔色を見ることに長《た》けたものたちばかりだからだ。これではプロダクトの価値を向上させ、人々が欲しがるものを作ることは難しい。

中国では同時期に、政府のライセンスがないのに作られた携帯電話、すなわち山寨携帯も存在した。〝世界の工場〟中国には、部品を輸入し組み立てる工場がごまんとあったが、そうした工場を活用して独自ブランドを作る人が現れたわけだ。

独自ブランドといっても、海外の大手メーカーのような品質はない。ほとんどは安さが取り柄で、よく壊れるがそれでも通話は可能といったシロモノ。さらに外見だけは有名メーカーそっくりのシロモノも多かった。のちには太陽電池で充電できる、ラジオになる、カレンダーに旧暦表示があるといった「微創新（マイクロ・イノベーション）」がおこなわれていく。

「微創新」とは中国のセキュリティソフトメーカー、奇虎《チーフー》360の創業者・周鴻禕《チョウ・ホンウェイ》の言葉だ。パクリに見えるような中国のプロダクトだが、実際は中国人のユーザー体験を向上させるような小さなイノベーションが加えられていることを強調している。

ライセンスを与えられたメーカーと異なり、山寨メーカーたちは完全に自由市場で競争していた。価格、デザイン、機能など何かで付加価値をつけなければ生き残ることはできない。山賊たちの世界は完全な自由競争、弱肉強食の世界なのだ。

山寨メーカーは最盛期には3000社にまで達したという。マンションの一室で携帯電話を組み立てているような弱小メーカーも含まれていたが、凄まじい競争がくり広げられたことは間違いない。気を抜けばあっという間に死んでしまう過酷な世界において、山賊たちは知恵をしぼって戦った。

高度な分業システムで「安くて使える携帯」に進歩

普通ならば携帯電話製造への参入は技術的なハードルが高いはずだが、中国には高度な分業システムが整っていた。設計する人、部品を集める人、組み立てる人、小売りする人がそれぞれ別なのだ。どれか一つの技能を持っていれば携帯電話作りというおいしい仕事に参画《さんかく》することができるし、何一つ技能がなくても「お金の出し手」という身分で参入することも可能だった。

携帯電話の部品の中でも、処理装置だけはそうした草の根メーカーでは作れなかったが、これを解決したのが台湾《たいわん》の聯発科技（メディアテック）だ。同社は「携帯電話の処理装置、動かすためのソフトウェア、参照設計」をセットで販売した。メディアテックの処理装置セットを購入すれば、あとはシロウトに毛が生えたような存在でも携帯電話が作れる。

メディアテックの処理装置を使って、携帯電話の基板を設計していた業者、ＩＤＨ（インディビジュアルデザインハウス）と呼ばれていた人々は、ポケベル改造屋出身が多かったという。中国では日本製ポケベルが大人気だったが、周波数が違うので、ちょこっと改造しなければ中国では使えなかったため、改造屋という仕事が成り立ったのだった。

ちなみに、のちには日本の携帯電話を改造して中国で使えるようにする業者も現れた。システムは日本語なので中国人が使っても電話をかけることしかできなかったのだが、

1-2　深圳の電気街で販売される山寨携帯。以前ほどの数はないが、いまだに新製品が販売されている（広東省深圳市にて高須正和が撮影）

「日本の携帯、ピカピカでかっけー」「パカパカ折りたたみがスムーズ」と謎の人気力となった。日本の携帯電話ショップを狙った窃盗《せっとう》事件や携帯電話を契約しては即転売という暗黒ビジネスも存在したが、そうして集められた端末の行き先はB級の国であった。

こうした草の根メーカーの携帯電話は当初、とてつもなく品質が悪かったし、アフターサービスもない。携帯電話の端末識別コードであるIMEIは本来1台ずつ別々の番号が割り振られているが、ある草の根メーカーでは全部一緒という粗雑っぷりも。

パキスタンでは、ある一台の中国製携帯電話をストップさせようとしたところ、数千人もの通信障害につながった事件も起きている。同じＩＭＥＩの電話が多数流通していたため、システムが見分けられず、全部停止するという大混乱になってしまったのだ。

まさに「Ｂ級中国」の象徴ともいえる山寨携帯だが、なにせ３０００社がしのぎを削るのですごい勢いで改良がつづく。当時、中国に住んでいた私は「中国国産携帯なんてクソ！　ノキア、ばんざーい!!」というムードが、数年もたたぬうちに「中国国産携帯、安くていいいね」と変わっていくさまを目にした。

スマホもこなす技術力で世界メーカーに

スマートフォンの誕生によって、山寨携帯は危機に追い込まれた。メディアテックがスマホ用の処理装置、ソフトウェア、参照設計を作るまで数年間のタイムラグが存在したためだ。代わって米クアルコムの処理装置が人気となったが、こちらはメディアテックよりも製造の難易度が高いため、携帯電話を設計するのには技術力が必要となる。ポケベル改造屋では手が出せない世界だった。

そこで勢力を伸ばしたのが、元ＺＴＥ組のハイレベルＩＤＨだ。中国を代表するハイテク企業、通信機器大手の中興通訊（ＺＴＥ）出身だけに、技術力は十分。腐るほど存在したＩＤＨの群れは淘汰《とうた》され、ハイレベルの企業だけが残るようになっていった。

メーカーもそうだ。ただの山賊では生き残れず、アフターサービスやりまっせとか、ちょっと面白い工夫をしてまっせ、と気の利いた山賊でしか生き残れない。

ハイレベルのＩＤＨと気の利いた山賊メーカーたちの集団は、気がつけば世界的な競争力を身につけていく。世界のスマホランキングでトップはサムスン、２位はアップルという二強は不変だが、３位以下はファーウェイ、ＯＰＰＯ、小米科技（シャオミ）、ｖｉｖｏ、聯想集団（レノボ）、ＺＴＥ、ＭＥＩＺＵなどが占めている。その中でもＯＰＰＯ、ｖｉｖｏ、ＭＥＩＺＵは山賊の系譜を継いだメーカーだ。ファーウェイやレノボにしても、ローエンド機の製造はＩＤＨの設計と外部工場での組み立てという山寨機スタイルを踏襲している。

「世界を席巻する中華スマホ」というＳ級中国は、その背景をＢ級中国から強く引き継いでいるのだ。Ｂ級中国的要素を洗練させ、巨大化させていった結果がＳ級中国といってもいいかもしれない。

深圳《しんせん》に居を構えるＩＤＨの一つ、思路名揚（ＩＤＥＡ）の楊濤《ヤン・タオ》董事長はいう。「山寨携帯は野蛮《やばん》な成長だったが、じつはその野蛮な成長こそが秩序ある成長だった」と。政府が頭でっかちにつくった産業計画ではなく、山賊たちの血で血を洗う縄張り争いの結果、最強の競争力を持つ中華スマホ業界が構築されたのだ。

3 野蛮でパワフルな成長と発展

ライドシェア――血みどろの〝真の自由競争〟

「野蛮な成長こそがじつは秩序ある成長だった」

この言葉にこそ、S級中国をひもとくカギが隠されている。キャッシュレス社会、シェアリングエコノミー、EC、無人店舗、ドローンなど、S級中国を象徴する「未来感あふれるテクノロジー、サービス」は、中国政府主導の産業計画ではなく、無数の企業の血みどろの戦いの中から生まれてきたからだ。

たとえばライドシェア。一般市民が自らの車を使ってタクシー業務を展開するサービスだ。米ウーバーを筆頭に世界各地でライドシェア企業が立ち上がり、人々の新たな足となっているが、日本ではいまだに運営が禁止されている。

その原因は法規制だ。日本の法律では代価を得て車での輸送業務をおこなうものは、タクシーとしての認可を得なければならない。２０１５年、ウーバーは福岡市で実証実験をおこなおうとしたが、それすらも国土交通省から禁止されてしまった。現在もライドシェア以外のサービスしか展開できていない。既得権益がある世界を変えるのは難しい。ライドシェアが世界的に一大産業になるなかで、日本だけが取り残されている。

一方、中国ではライドシェアが普及し、リーディング企業の滴滴出行（ディディチューシン）は世界トップクラスのユニコーン企業へと成長した。２０１９年には上場すると予測されている。

となると、中国はタクシー保護の法律がゆるかったのかと思ってしまうが、現実は逆だ。中国のタクシー規制はがちがちに強固だった。白タクもあったが、警察はおとり捜査まで駆使し、厳しく取り締まっていた。タクシー業界をめぐる既得権益の壁はきわめて強固で、都市ごとに投入台数が定められていたために、タクシーの許可を得る権利はかなりの高額で売買されていた。大都市ならば数百万円は当たり前。車本体よりも許可のほうがずっと高かったのだ。

日本と同じくライドシェアなどできるはずもない法律だったが、中国企業は〝野蛮〟な手法で突破した。

「タクシーではなく、レンタカーと運転代行業務をセットでおこなっているだけ。Ａ地点からＢ地点に移動しているあいだだけレンタカーと運転手を貸しているのだ」

等々、無理な理屈を押し通して、サービスをおこなった。

当然のことながら、タクシー業界はライドシェアに激しく反発した。２０１５年から翌年にかけては中国各地でタクシーのストライキが起きた。主要道路にタクシーを並べて封鎖する、ライドシェア企業のオフィスを打ち壊す……といった光景が全国各地の都市に広がった。

日本ならばストライキは自分の仕事をしないことで雇用主に圧力をかけるというロジックだが、中国の抗議行動は天下の人々に自らの困窮《こんきゅう》を訴え、正義が実現されるように求めるという劇場型だ。そのためストライキなどの社会運動では道路を閉鎖するなど、社会に混乱が生じてもともかく人目につくような騒ぎを起こすことが多い。

周囲の受け止め方も日本とは違う。日本だとストライキで自分に迷惑がかかるとなれば怒り出す人が大多数だが、中国では虐《しいた》げられた人々が正義を求めた行動ならば仕方がないと理解を示すことも多い。

だが、中国のタクシー業界のストライキは庶民《しょみん》に支持されなかった。なにせ、それまでがお上の免許をかさにきた独占産業。台数が制限されているだけに、需要に供給が追いつかず、ドライバーはふんぞりかえって顧客サービスなど一切不要という殿様商売だったためだ。
新しく参入したライドシェアは、まずは使ってもらいたいと割引クーポンをバンバン配って価格を下げた。また、ドライバーの態度や社内の清潔度などを5点満点で評価する仕組みがあったため、サービスもタクシーよりいい。一般市民はタクシーよりもライドシェアを支持したのだ。

そして、驚いたことに中国政府もまたライドシェアを黙認した。その背景にあるのは前述した携帯電話業界など、野蛮な発展によって中国の新興産業が育ってきたという成功体験だ。法律の隙《すき》をつくグレーゾーンの産業を黙認し、有用だと判断すれば合法的な地位を与える。社会主義の国でありながら、きわめて柔軟な産業政策を採るようになった。いわば国をあげて社会実験をおこなっているようなものだ。

法規制を柔軟に適用する中国の手法は、世界的にも注目を集めている。日本でも2017年の成長戦略に「規制のサンドボックス」が盛り込まれた。企業が実証実験を申請すれば、法規制を一時停止して、その事業が有用かどうかをお試しできるという制度だ。

この制度は英国やシンガポールでは法制化されているが、面白いのは、もっとも早く社会実験にトライしている中国ではまだ法制化されていないという点にある。法律はないが、融通無碍《ゆうずうむげ》な運用によって事実上のサンドボックス制度が存在しているといわれている。

乗り捨て型シェアサイクル――大胆すぎる社会実験

ライドシェア以上に大胆な社会実験となったのがシェアサイクルだ。中国のシェアサイクルは、専用駐輪場を必要とする従来のレンタサイクルとは違い、原則「乗り捨て自由」が売りだ。わざわざ駐輪場まで行かなくても、あちこちに「放置」されている自転車に乗り、目指す場所についたら「乗り捨てる」仕組みだ。

たとえば、地下鉄などの公共交通機関の最寄り駅で降りて目的地まで歩いていたところを、シェアサイクルを使えば格段に利便性が増す。いわば、ラスト１マイルの移動をカバーする手段といっていい。

この乗り捨て型シェアサイクルの普及がはじまったのは２０１６年のこと。４月に摩拝単車（モバイク）、11月にｏｆｏ（オッフォ）がサービスをスタート。革命的なサービスだとして注目を集め、シェアサイクル業界に数十社が新規参入する大激戦が繰り広げられた。

生き馬の目を抜く中国シェアサイクル業界を牽引《けんいん》するのがモバイク、ｏｆｏの二強だ。モバイクは２０１５年の創業。新聞記者出身の胡瑋煒《フー・ウェイウェイ》（１９８２年生まれ）が創業者として知られるが、自動車販売サイトの易車網、新興ＥＶ（電気自動車）メーカー蔚来汽車（ＮＩＯ）と２社の創業に成功したシリアルアントレプレナーの李斌《リー・ビン》、元フォードの夏一平《シャー・イーピン》など豪華メンバーが創業チームに集まっていた。当初から「4年間メンテナンス不要の自転車」をコンセプトに、IoT（モノのインターネット）機器のスマートロックや太陽電池による給電、ノーパンクタイヤの採用などハイテクが売りだ。

一方のofoは2014年に北京大学大学院生だった戴威《ダイ・ウェイ》が創業した。1991年生まれの俊英だ。起業当初は観光地でのレンタサイクル事業に取り組んだが、あえなく失敗。そこで思いついたのが大学専用シェアサイクルだ。

中国は学生数が多いメガ大学ばかり。しかもキャンパスが広い。学内に限って乗り捨て自由にすれば、学生にとっても使い勝手はいい。自分で自転車を持ち込む学生も少なくないが、盗難のおそれがある。小銭を支払ってシェアサイクルを使えば、そんな心配もなくなるというわけだ。

戴威はまず在籍する北京大学で事業をはじめたが、当初投入した自転車2000台のうち半数は学生の私物だった。私物の自転車を提供した者は、利用された回数に応じてお金がもらえる仕組みだったようだ。私物をサービスに組み込む仕組みはいたってシンプルで、なんと普通の自転車にQRコードを貼り付け、ダイヤル式のロックをつけるだけ。スマートフォンでQRコードをスキャンすると、鍵の暗証番号が送られてくるのだ。

鍵の暗証番号は一定なので、覚えてしまうと勝手に使うことができる。「自転車泥棒したければどうぞ、でも20円ぐらい払えば合法的に利用できますけど、どうですか」という学生のモラルに頼った大胆なサービスだった。

この大学専用シェアサイクルが大当たり。１年後には２００校で採用されるほどの人気となった。そして２０１６年11月には市街地でのサービスを開始、先行していたモバイクに戦いを挑《いど》んだ。

業界二強の座をつかんだｏｆｏは、積極的な資金調達により、使用する自転車もハイテク装備の新バージョンに切り替えるなど、業界トップの座を狙って邁進《まいしん》した。

技術志向のモバイクと学生ノリの大胆さが売りのｏｆｏ。使う自転車も前者が最初からスマートロックなどハイテク満載だったのに対し、後者は普通のママチャリからスタート。同じ中国型シェアサイクルといえども、両社のキャラクターはまさに好対照だ。

１年間に２５００万台を投入し、放置自転車の山

２０１７年に入ると、両社を中心に30社を超える企業が乱立し、シェアサイクル業界では一大戦争が繰り広げられた。シェアサイクルの利便性を決めるのは、なんといっても自転車投入台数の多さだ。乗りたいとき、乗りたい場所に自社の自転車が「放置」されているという状況をつくり出さなければならない。

1-3　乱雑に駐輪し、歩道を占拠するシェアサイクル（広東省深圳市にて）

　かくして各社はすさまじい勢いで焼銭（利益度外視の先行投資）競争を繰り広げ、その後1年で累計2500万台が投入されたとみられる。

　シェアサイクルには、街中に乱雑に停められた放置自転車が歩行者の邪魔になるというデメリットもある。この問題に対応するために、自転車の整列や辺鄙《へんぴ》な場所に停められた自転車を、地下鉄出口付近などに運び直すための人員を確保する必要も生まれた。ここにも人件費が発生する。このほかにも、ユーザーを増やすための割引キャンペーンなどマーケティング費用もかかる。

　必要な投資額は莫大《ばくだい》だ。モバイクは2017年6月に6億ドル（約700

億円)、ｏｆｏは7月に7億ドル（約８００億円）を調達したが、年末には資金不足が報じられた。月に１００億円以上のペースでキャッシュが流出している計算となる。モバイクがそれまで調達した融資額は２０００億円超、ｏｆｏも１５００億円を超えているが、それでもまったく足らない状態なのだ。

黒字化するメドがさっぱり立たないビジネスに数千億円も集まり、中国全土に壊れた自転車をまき散らした。計画性とは真逆の、野蛮な発展の極致ともいえるビジネスだ。なにより２０１９年現在、二強と讃《たた》えられた2社も、かつての栄光はすっかり失われている。モバイクは２０１８年3月に口コミ・出前サイト大手の美団点評に買収された。ｏｆｏは自転車サプライヤーに代金を支払えず訴えられるなど、破産間近とされる。ユーザーのデポジット返金要請に応えず、返金を求める抗議集会まで開かれた。

野蛮な試行錯誤が新たなビジネスを生む

こう見ると、野蛮な発展の悪い面ばかりが出たように思えるが、まだ断言するのは早い。モバイク、ｏｆｏが減速するなか、今度はハローバイク、ブルーゴーゴーなどの別会社が勢力を伸ばしている。便利なシェアサイクルを手放せない人が多いのだ。

さらにシェアサイクルビジネスは世界に広がったほか、アメリカでは電動キックボードの乗り捨て型シェアサービスがはじまるなど、派生サービスも広がっている。野蛮な発展が開いた扉に、次々とフォロワーが押し寄せているのだ。

起業家精神にあふれる人々の群れが、試行錯誤をくり返すことによって生まれる野蛮な発展。人の群れが訳もわからず、チャレンジをくり返すのだから失敗も多い。モバイクとofoの戦いで数千億円の資金と2000万台以上の自転車が無駄になったことを思うと、その損失に呆然《ぼうぜん》としてしまうが、こうした無駄がなにかを生む、なにかにつながる。

そうした野放図《のほうず》な発展がS級中国をつくり出したという事実は覚えておくべきだろう。

4 シェアリングエコノミーと無業の遊民

サブスクリプション、ギグエコノミー

ライドシェアやシェアサイクルなどのニュービジネスは、「シェアリングエコノミー」というジャンルに属する。シェアリングエコノミーとは「物・サービス・場所などを、多くの人と共有・交換して利用する社会的な仕組み」（大辞泉）。ウーバーやAirbnb（エア

ビーアンドビー）など米国ではじまったサービスだが、中国ではそれ以上の発展を遂げている。

ここまで紹介してきたサービス以外にも、途家（トゥージア）などの民泊やシェアモバイルバッテリー、さらにはシェア・トラック運送、外売《ワイマイ》（出前）、有料知識サービスなど、さまざまな種類がある。

当初のシェアリングエコノミーはものの共有を意味していたが、いまではだれかが保有しているものを借り受けたり、あるいは他人の労働力や知識ノウハウを有料で借り受ける。こうしたものすべてをシェアリングエコノミーというようになった。

シェアリングエコノミーがメディアでひっぱりだこだったのは、２０１６年頃がピークだろうか。やや旬を過ぎたように感じる人もいるだろうが、大きなトレンドとして物を所有しない、長期契約を結ばないスタイルが志向されていることは間違いない。

たとえば、２０１８年は「サブスクリプション」が注目を集めた。モノを購入するのではなく、リースのように使用権を購入する。月額契約でマンガや雑誌の読み放題、動画の見放題、車や家電、衣料品などの物品がレンタルし放題になるようなサービスだ。

中国では、シェアサイクルの月額定期や、中古ブランドバッグのレンタルサービス（月額料金を支払ってバッグを借りる。借りているバッグを返却したら、別のバッグが借りられる）が登場するなど、急速に広がりつつある。

また「ギグエコノミー」という言葉もある。ギグとは、ジャズやロックでミュージシャンが1回限りのバンドを組んで演奏することを意味するが、同様に超短期の仕事、単発の仕事を請け負うようなビジネススタイルのあり方だ。一回一回人を探して雇うのは面倒にも思えるが、インターネットによって仕事の発注、受注が効率化されて広がった。

このギグエコノミーは、シェアリングエコノミーの裏側ともいえる。運転手を雇う、肉体労働をしてくれる労働者を雇うことができるようなシェアリングエコノミーのサービスがあるとき、そうしたサービスのために働く人はギグエコノミーに従事しているわけだ。

S級ビジネスを支える「無業遊民」

シェアリングエコノミー、サブスクリプション、ギグエコノミー……こうした世界のビジネストレンドの最前線と中国はやたらと相性がいい。というと、やはり中国は最先端のS級だと思えるかもしれないが、その根底にはやはりB級が潜《ひそ》んでいる。

「中国にはぶらぶらして何もしない人が2億人いる」

中国を専門とする、ある日本人コラムニストの発言だ。

たしかに、中国には正規の仕事につかずにぶらぶらしている人がごっそりいる。中国には失業率という統計がない。代わりに都市登記失業率という項目があるが、失業の届け出をした都市住民だけをカウントした数字なので、実際とはかけ離れている。

この数字は５％前後だが、正規の仕事にありつけていない人の数は、これをはるかに上回るだろう。中国語で「無業遊民」と呼ばれる人々だ。

彼らはなにも本当に仕事をしていなかったわけではない。社会主義経済時代の中国では、政府がすべての人民に仕事を与えていた。「分配」と呼ばれるシステムで、どういう仕事につくかはお国が決めることだったのだ。

ところが１９９０年代後半になると、資本主義経済が広がり、仕事は自力で探さなければならなくなった。それまで国有企業で働いていた労働者も、レイオフ（一時解雇）という名目で仕事を失った人が多い。定職を見つけられなかった人々は屋台など飲食店を開いたり、日雇い労働をしたり、工場の季節工として働いたりと、さまざまな形で食いつないだ。無業の遊民といわれても、実際は職を転々とする非正規労働者だ。

彼らが暴発しない程度に豊かな国にしていくこと、成長していくことが、中国政府にとって最重要課題だといわれていた時代もある。いわゆる「保八」論だ。ＧＤＰ（国内総生産）が年間８％ずつ成長しなければ、新規雇用の数が足りず、仕事にあぶれた人々が増えて、やがて反乱を起こすであろうというロジックだ。

実際、中国政府は毎年「両会」（毎年3月に開催される全国人民代表大会と全国政治協商会議の総称。日本の国会に相当）の政府活動報告で、経済成長率とともに新規雇用創出数を発表。人民にどれだけメシのタネを作ったのかをアピールしている。成長減速イコール反乱という公式は乱暴すぎるとはいえ、雇用確保は中国政府にとって最大の関心事だったわけだ。

そしていま、シェアリングエコノミーが多くの雇用を生み出している。国家情報センターの報告書「2018年中国シェアリングエコノミー発展年度報告」によると、シェアリングエコノミーで働く労働者の数は2017年に7000万人を突破した。2016年と比べて新たに1000万人が増えたことになる。

無業の遊民たちはシェアリングエコノミーに積極的に参加し、金を稼ぐようになった。B級中国の極みである無業遊民たちが、S級中国を支える存在となっているわけだ。

たとえば、シェアサイクルでは、乗り捨てられた自転車が歩道を占拠《せんきょ》してしまう、乗り捨てられた自転車が密集する地域とまったくない地域が出てしまうといった問題がある。これらを解決するために登場したのが無業遊民のみなさんである。

自転車をひたすら並べるおじいさん、トラックで密集地域から過疎《かそ》地域へと移動させるお兄さん。昔ならば無業遊民と呼ばれていたであろう人たちが、いまではモバイルインタ

1-4　中国の新興産業「外売（出前）」。中国に行けば必ず、自前の電動バイクを使って、レストランの食事を運ぶ配送員の姿を目にする（広東省深圳市にて）

ーネットが生み出した新たな経済に包摂《ほうせつ》されている。

中国で激しく普及した出前サービスもそうだ。ごまんといる無業遊民のみなさんを組織化し、活用するバックヤードこそがイノベーションの要《かなめ》。無業遊民というB級中国の象徴の人々を、スマホで活用するのが中国のニューエコノミーなのだ。

ギグエコノミーで稼げるとなると、正規で働いている人も空き時間に副業で稼いだり、あるいは仕事をやめてこちらを本職にしたりという動きが出てくる。稼ぎ方が多様化することで、中国人民は確実に豊かになっている。

「日本で働く彼女と給料変わらないんです」

「私ね、彼女が日本にいるんですよ。本当は一緒に日本に行きたかったんですけどね、ビザが取れなくて。いまなら簡単に取れるみたいだけど、日本に行くか悩んでいます。ほら、親の世話とかもあるし。

あと、仕事。夜はバーテンダー、昼間はライドシェアの運転手やってるんですけどね、日本で働く彼女とあんまり給料変わらないんです。物価を考えたら中国のほうが暮らしやすいし。無理に日本に行く理由がないというか」

2017年に上海でライドシェアに乗ったときの、運転手との会話だ。無業の遊民だけではなく、本業だけでは十分に稼げない人々が、楽に副業を探す手段ともなっている。シェアリングエコノミーに雇用される、超短期の仕事。こうしたギグエコノミーは世界に広がっているが、どちらかというとマイナスの見方をされることが多い。

朝日新聞日曜特集のオンライン版「Globe+」(2018年8月20日付)が「欧州の格差を歩く　ギグ・エコノミー　ネットが生む新たな貧困」という記事を掲載している。出前や宅配便運送など、ギグエコノミーで働く労働者を取材したものだ。正社員と比べると、社会保障も有給休暇もない。収入も低く、不満が高まっているという内容だ。

シェアリングエコノミー、ギグエコノミーに対して、中国と欧州では評価が180度違うわけだ。その理由はいたってシンプルだ。

欧州でギグエコノミーに参加する人々は、もともと工場で雇われているなどパーマネントの職を持っていた人々が多い。安定した立場から不安定な立場へと転落した、そういう不満が強いだろう。

一方、中国は、もともと不安定な立場に置かれていた人々が、ギグエコノミーによって選択肢が増えた。もっといい暮らしをしている人々と比べれば、ギグエコノミーでは十分な収入は得られないかもしれない。だが、いままでよりもマシだという感覚がある。

消費者にとってとてつもなく便利なサービスの背後には、インターネットの力によって、安い賃金で人々を働かせる残酷な経済システムが潜んでいる。その残酷さにばかり目を向けるか、それともないよりはあったほうがましではないかと歓迎するか。

格差と貧困が跋扈《ばっこ》する、Ｂ級中国が背景にあるからこそ、中国ではＳ級のシェアリングエコノミー、ギグエコノミーが広がっている。そのさまは、あたかも太極図《たいきょくず》——中国陰陽《いんよう》思想に見られる、白と黒が分かちがたく絡み合った図のようである。Ｂ級があるからＳ級が成り立ち、Ｓ級があるからＢ級が成り立つのだ。

5 「負のS級」AI監視社会とプライバシーの関係

AI搭載の監視カメラ「天網」が2000万台

S級中国のサブトピックともいえるのが悪のS級、すなわち中国がテクノロジーの力を使って、SF小説もびっくりの監視国家をつくり出しているという話だ。

日本でも話題になったのが、人気歌手のコンサートで指名手配犯が捕まったというエピソード。中国随一の人気歌手、張学友（ジャッキー・チュン）のコンサートを聴きにきた指名手配犯が大量に逮捕されているという。現在までに100人を超えたと報じられている。

コンサート会場には顔認証AI（人工知能）を搭載《とうさい》したスマート監視カメラが設置されていた。指名手配犯がのこのこ姿を現すと、数万人の観客の中から見つけ出してしまうというわけだ。

中国はもともと監視カメラ大国として知られている。その設置台数は累計2億台に達し

1-5 「第14回チャイナ・パブリック・セキュリティEXPO」(CPSE)における中国の有力AI企業メグビー社のブース。会場内の通行人の顔を瞬時に認識する顔認証のデモをおこなっていた（広東省深圳市にて）

たとも伝えられているが、旧来のカメラには大きな弱点があった。犯人の姿や犯行現場をカメラに捉えても、それを確認する作業は人力に頼っていたからだ。日本のコンビニにも監視カメラが設置されているが、それだけでは万引きは防げない。

この状況を変えたのがＡＩだ。人混みの中から指名手配犯など特定の人物を見つけ出したり、あるいは「赤い服を着た中年男性」などの特徴で捜し出すことができる。

こうしたスマート監視カメラは「天網」と呼ばれているが、その数は２０１７年末時点で２０００

万台を突破したという。

「天網」以上に凄まじい未来技術が使われているとの話もある。

中国西部の新疆《しんきょう》ウイグル自治区では２００９年のウルムチ騒乱以後、独立運動と武力闘争を抑え込むために、徹底的な取り締まりがおこなわれている。２０１７年からは１００万人にも達する少数民族を再教育キャンプに収容し、思想教育がおこなわれているというが、その選定にＡＩが使われているとも報じられている。ＳＦ小説を超えたディストピアとしかいいようがない。

こうしたＡＩの活用は、技術的には他の国でも十分に可能だ。それでも中国〝だけ〟ができるのは、中国政府が強権的な独裁国家だから、中国人にプライバシーの観念が弱いからではないか。日本ではこうした意見が強いようだ。

たしかに政府は強権的で、個人情報を活用した取り締まりに積極的だ。先ほど例に挙げたコンサートでの逮捕劇にしても、中国政府が指名手配犯の顔写真をオープンデータベースとして公開しているから可能な話である。

筆者があるＡＩベンチャーを取材したところ、コンサート会場などで利用可能な携帯型のスマート監視カメラキットを見せてくれた。辺境の国境検査で指名手配犯を見つけるといった用途を考えているらしい。

指名手配犯の顔写真が収録されているサーバーにインターネットでつなげて照合するのが一般的なやり方だが、辺境では通信環境が整わないことも考えられる。そこでパソコンに指名手配犯データベースを保存し、ネット環境がなくても使えるようにしたという。

収録できる指名手配犯の顔写真は最大で40万人分。「中国政府が公開している指名手配犯データベースの件数が30万件あまりなんです」と担当者は説明した。

コンサートの観客の中から、特定の人物を探し出すＡＩの技術力は大したものではあるが、前提となっているのはデータベースの公開だ。近年では政府機関が情報を公開するオープンガバメントが世界的な潮流となっているとはいえ、ＡＩで探知できるような形で顔写真を公開するのはちょっとした抵抗感があるのではないか。

その意味では、中国政府は国民のプライバシーにズカズカと踏み入ることをよしとする、そういう説明はできそうだ。

個人情報より利便性を取る中国人

ただし、一般市民にまでプライバシーの観念がないわけではない。実際、プライバシーをめぐる議論や事件はしばしば起きている。

２０１７年末には家庭用監視カメラのハッキング被害が問題となった。監視カメラ映像を簡単にネットで見られるサービスだが、ハッキングによってプライバシーが漏洩《ろうえい》している事例が多発していたのだ。批判を受けた企業は該当サービスを閉鎖し、謝罪している。

２０１８年の旧正月前には、阿里巴巴集団（アリババグループ）がリリースした娯楽系サービスが炎上した。モバイル決済やネットショッピングなどアリババ系サービス利用履歴にもとづいて、この一年がどのような年だったのかを評価するという内容だったが、利用時に、後述する信用評価システム「芝麻信用（セサミ・クレジット）」に加入するという初期設定になっていたことが問題視された。

チェックボックスを外せば加入しなくともサービスは利用できるが、ほとんどの人が気づかないようなわかりづらい表記だ、個人情報の盗用だと批判が殺到。アリババグループは謝罪し、該当サービスを停止した。

こうした事例からもわかるとおり、中国の人々はなにもプライバシーを不要だと考えているわけではないし、目に見えるデメリットがなくとも、個人情報の流出は気持ち悪いと感じる感覚は日本人と同じだ。

気持ち悪さを乗り越えて、新しい技術を受け入れるのは、個人データと利便性がトレードオフ、すなわち取引の関係にあることを理解しているためではないか。２０１８年３月、中国検索サイト最大手、百度（バイドゥ）の創業者である李彦宏（ロビン・リー）氏は中国発展ハイレベルフォーラムに出席。ＡＩとプライバシーの問題について次のように話している。

「中国の消費者はプライバシーが保護されるという前提において、企業に個人データの利用を許し、引き換えに便利なサービスを得ることに積極的だ」

プライバシー情報を盗まれるだけ……ならば、喜ぶ人はだれもいない。だが、情報を提供する見返りになんらかのメリットをもらえるのであれば、情報と利便性の取引に応じる人は多い。その究極系が、セサミ・クレジットというＡＩスコア・サービスだ。

アリババ系金融サービスのアントフィナンシャル社が運営するもので、加入すると、３５０〜９５０点で自らの信用が数値で評価される。評価が高ければさまざまな特典が得られる。

ホテルに泊まるときにデポジット（保証金、中国ではモノを壊したときに顧客が逃げたりしないように、一定額の保証金をフロントに預けるのが一般的）を支払わなくていい、シンガポールなど一部の国でビザ審査が簡略化される、就職活動のときの身分保証として提示できる、消費者金融でお金を借りるときの限度額が上がる……といった具合。ＡＩが「この人物はどの程度信用できるか」を評価してくれているので、「無責任に逃げ出さないであろう」というお墨付きを与えてくれるわけだ。

　このセサミ・クレジットの信用スコアをどうやったら上げることができるのか。お金を借りて期日どおりに返すといった日々のおこないが基本なのだが、加えて個人情報を差し出すという手法もある。不動産の登記や車の保有証明などを提出することで点数が上がるのだ。イヤならば情報を出さなくてもいいが、出せばその分メリットがありますよという形で、情報提供をうながしているわけだ。

　個人情報と引き換えに利便性を獲得する。私たち日本人も交通系ＩＣカードを使うとき、

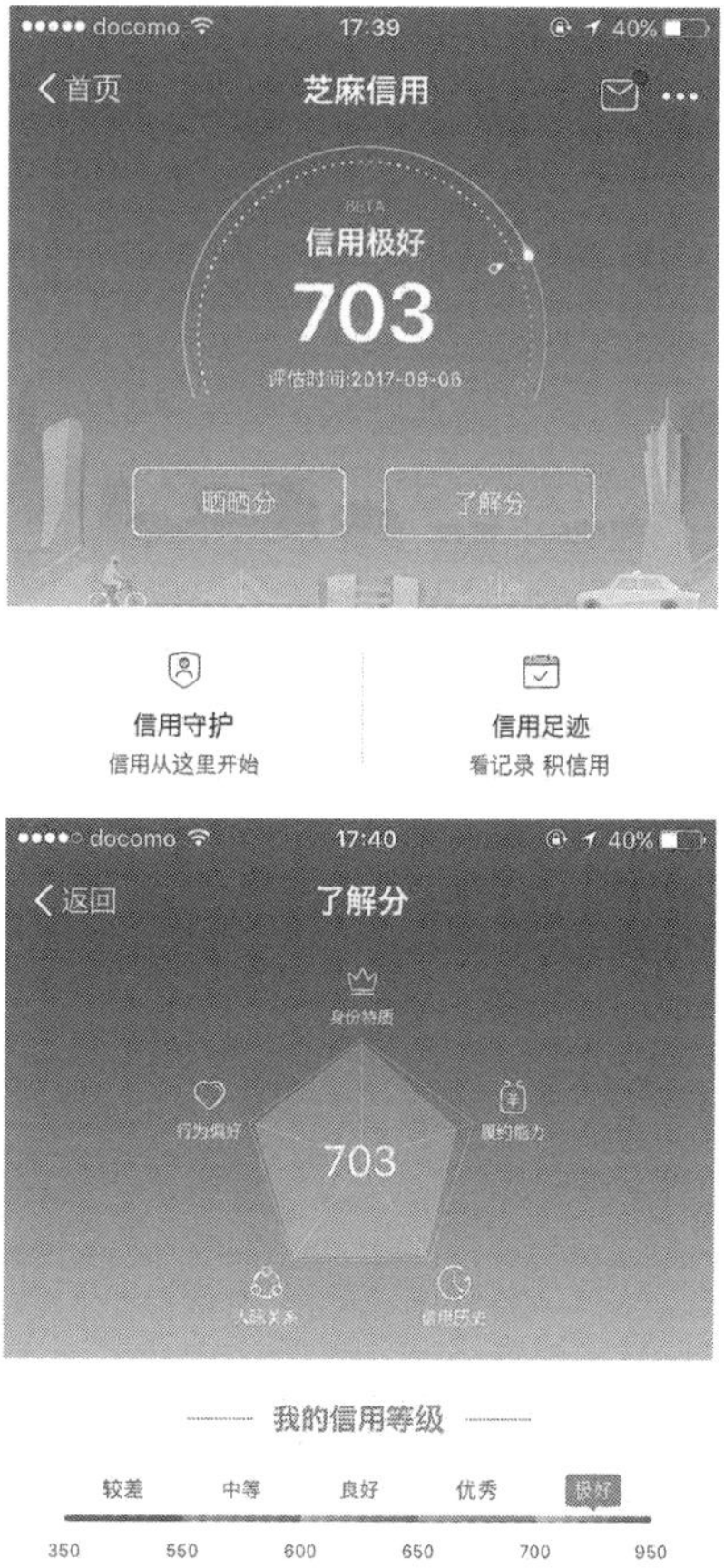

1-6　セサミ・クレジットの画面。下の画面は「身分特質、履行能力、クレジットヒストリー、人的関係、行動の嗜好」の５つから評価された信用スコア

グーグルの無料サービスを使うとき、フェイスブックを使うとき、こうした取引をおこなっている。

だが、途上国の中国ではもともとの社会の効率、利便性は先進国よりはるかに遅れている。ゆえに個人情報と引き換えに得られる利便性の大きさは、先進国よりはるかに大きなものとなる。

プライバシーに無頓着《むとんちゃく》なのではなく、個人情報と引き換えに得られる利便性が大きいため、ソロバン勘定として個人データの提供に同意している。

「監視」ではなく「豊かになる」ためのテクノロジー

セサミ・クレジットのようなＡＩによる個人信用力評価サービスはＡＩスコアと呼ばれているが、日本にも導入されつつある。ソフトバンクグループとみずほ銀行が共同で設立した「Ｊスコア」はすでにサービスをはじめているほか、ＬＩＮＥの「ＬＩＮＥスコア」、ドコモの「ドコモスコアリング」がまもなくサービスを開始する予定だ。

日本でもクレジットカードを作れない人は少なくない。かくいう筆者も自営業者なので、クレジットカードやローンの審査は通るかどうか不安に感じる。ちゃんとしたメディアでの執筆経歴をＡＩが評価してくれるのならば、既存の金融サービスではなく、ＡＩスコアを選ぶかもしれない。

スマート監視カメラもそうだ。日本では街なかにそうしたカメラを設置しようとすれば、いまは抵抗感が強い。しかし、２０１８年６月に新幹線で通り魔事件が起きた後、メディアや世論からはＪＲの不作為《ふさくい》ではないか、鉄道車内に監視カメラを設置しておくべきだったと批判する声が上がった。

なんのメリットもないのに監視カメラが設置されれば嫌がる人ばかりだろうが、プライバシーと利便性のトレードだと認知されれば、日本でもあっという間に風向きは変わる。日本人と中国人のプライバシーの感覚には、じつはさほど違いはない。

違いがあるとするならば、技術で生活が豊かになったという実感があるかないか、だ。中国社会はかつての不便で汚く疲れる社会から、凄まじい勢いで変わった。テクノロジーがB級からS級へという飛躍をもたらした。だからテクノロジーを受け入れられる。

一方、日本はというと、数十年前からほどほどに便利。スマートフォンなどの新たなテクノロジーもあるが、さほど社会が変わったという実感はない。

マーケティング企業のイプソス株式会社は、２０１８年４月に世界27ヵ国で自国の将来をどう見ているかを問うアンケート調査を実施した。将来はポジティブとの回答が最多だったのは92％の中国だ。40％の日本と比べると、ダブルスコア以上の大差をつけている。

Ｂ級だった状況から、いい方向に進んでいるとの感覚が強い中国。プライバシー侵害に対する懸念はあっても、それ以上に世の中をよくしてくれるのではないかとの期待が上回る。

他国から見ると驚くべき監視社会に見えるものが、中国の人々にとってはより豊かに、より便利になる社会の進歩として映っている。

第2章　不均一なる経済大国・中国

伊藤亜聖

1 「B級中国」論、「S級中国」論が問いかけるもの

未来都市・深圳でのある一日

2017年から2018年にかけて、筆者は中国広東省《カントン》の深圳《しんせん》大学に滞在していた。「中国のイノベーション都市」とも「ハードウェアのシリコンバレー」とも呼ばれる深圳市のなかでも、ハイテク企業がもっとも密集している南山《なんざん》区にある大学だ。

滞在中のある一日を紹介しよう。

南国の暑さに目を覚ます。時計を見ると、もう9時。寝坊だ。この日はコワーキングスペース（複数の企業が入居する共同オフィス）で日本からの視察団を迎える約束をしていた。電車では間に合わないから、タクシーで行くことにしよう。

あわてて身支度を整えて家を出る。荷物はスマートフォンと交通カード（スイカ、イコカみたいなもの）だけ。財布も持たない。中国の都市部ではスマートフォンを使ったモバイル決済がすみずみまで普及している。財布を使うことはなくなった。

宿舎を出て、キャンパスの正門に向かって歩きはじめる。道すがら、配車アプリの滴滴（ディディ）を開く。目的地を入力すると、タクシーを呼び出すことができる。待ち時間は時間帯によって異なるが、だいたい5分ぐらいだろうか。混雑する時間帯でもタクシーが配車されるまでの待ち時間が表示されるので、道端でタクシーを探してイライラするようなストレスがないのがありがたい。

配車アプリでは事前に目的地を入力しているので、運転手に行き先を伝える必要はない。目的地までのルート、時間もスマホに表示されている。配車アプリは傘下《さんか》のタクシーの移動情報をビッグデータとして保有している。どれぐらい道が混雑しているかなど、生《なま》の情報を保有しているため、到着までの目安となる時間も正確に表示される。

車を降りるときにも現金の支払いは不要だ。到着すると、スマートフォンのモバイル決済口座から自動的に支払いがおこなわれる。乗客によるドライバーの評価も絶えずおこなわれているため、普通のタクシーよりもずっとサービスはよい。

渋滞に巻き込まれなかったおかげで、寝坊の遅れはリカバリーできたようだ。「世界最大の電気街」と呼ばれる華強北《かきょうほく》に到着した。

秋葉原の20倍もの売り場面積を持つといわれている華強北は、かつてのにぎわいを失ったというが、いまでもカオスな活気はのこる。20棟あまりの大型ビルに分かれているが、それぞれのビルの中には、無造作に電子部品やガジェット（電子機器）を積んだ小さなブースがぎっしり詰まっている。エレクトロニクス製品や部品を売る場所だが、どちらかというと、豆や香辛料を売っているエキゾチックなバザールのようだ。電気街には最近ではスマートホーム（家の中の家電などをネットワーク化しスマートフォンなどで操作できる住宅）の特設コーナーもある。

雑然とした電気街をくぐり抜け、一角にあるコワーキングスペースに入る。指紋認証で入館し、なかにあるカフェテリアでカフェラテを注文。すると店員は「17元（約270円）のところを12元（約190円）にまけてあげるから、レジじゃなくて僕の個人アカウントに振り込んでよ」とつぶやく。安い給料を埋め合わせようと、代金をネコババしようというわけだ。

この小さな〝汚職〟でも、使うのはモバイル決済。店員のスマートフォン画面に表示されたQRコードを読み取ると、あっという間に〝賄賂《わいろ》〟の支払いが完了した。

あわててやってきたというのに、視察団の到着は予定より遅れるという。自分の席で仕事をしながら待つことになる。12階にあるコワーキングスペースの窓からは、緑の山々がよく見える。深圳に隣接する香港側の自然だ。

世界トップクラスに地価が高い香港だが、中国本土との境界部など郊外にはまだまだ多くの自然が残されている。ほんの１キロメートル先、眼下に見える緑地は香港の現・行政長官の肝《きも》いりプロジェクトとして開発される構想だ。ビッグベイエリアと呼ばれる開発構想のもとで、５年後にはハイテク企業団地が広がっているかもしれない。

自分がいる深圳が香港と違うのはインターネットだ。中国大陸のインターネットは厳しいネット検閲が課されていて、グーグルやフェイスブックは使えない。規制をかいくぐるための方法もあるのだが、面倒だし、速度も遅くなる。１キロ先の香港とはネット空間、言論の自由は明らかに違うわけだ。

そういえばご飯を食べていなかった。ここでも頼りになるのはスマートフォンだ。中国でここ数年流行しているのが「外売《ワイマイ》」と呼ばれる出前アプリだ。日本の出前はそれぞれの店が配達員を雇う形態が一般的だが、中国では配送専門の会社がある。レストランは出前用の使い捨て弁当箱だけ用意すればいいので、たいがいどの店も出前に対応している。

昼食を食べに外に出れば、どんなに急いでも20分はかかるだろう。それならばスマホで頼んだほうが時間の節約になる。配送料も１００円程度と安いので、中国のビジネスマンの多くは出前を頼んでいる。スタートアップ企業ならなおさらそうだ。

この日頼んだのは豚足弁当。たったの12元、〝汚職〟で割引されたコーヒーと同じ値段だ。発泡スチロールの使い捨て弁当箱、細くて使いにくい割りばしを使い、かきこむ。醬油《しょうゆ》

2-1　深圳市南山区のテンセント新本社ビル（右）と南山（左）

と豚の脂《あぶら》を乾いたご飯に混ぜて食べる。見た目はともかく、格別のうまさだ。

そうこうしているうちに視察団がやってきた。日本からやってきた大学教授とゼミ生だ。教授は機械学習分野で著名な研究者である。世界をリードしているとまでいわれる中国のＡＩ業界を視察するためにやってきた。深圳では騰訊控股（テンセント）のＡＩラボや、いくつかのスタートアップ企業を訪問したという。日本のトップ研究者の目には、中国のＡＩビジネスはどう映ったのだろうか。

「機械学習を使ってやろうとしていることは、テンセントも僕らも同じだ。ただ、彼らの規模は桁《けた》外れだった」

テンセントのＡＩラボはまだ設立３年だが、すでに３００名を超える大所帯になっていた。しかもこのラボは、テンセントのＡＩを管轄《かんかつ》するうちで基礎研究をになう部門でしかない。ほかにも事業の中で機械学習を活用する事業部は複数ある。

テンセントが提供するメッセージアプリ、微信（ウィーチャット）。10億人の月間アクティブユーザーを誇る。彼らが手にするデータは膨大《ぼうだい》なものだ。ユーザーは営業トークから日常会話まで日々膨大なメッセージをやりとりしているが、これに近年では決済情報が加わった。政治的な自由はないが、モバイルインターネットを活用してきわめて便利で効率的な社会が立ち現れた。

途上国と先進国、小国と大国というモノサシ

深圳で暮らすなかで感じられるのは、モバイルインターネットを活用して、生活のなかのさまざまなサービスが完全に日常になじんでいる状況だった。また、深圳には世界的なイノベーション都市として中国の有力企業が本社を構え、その取り組みを知るために、日本からも著名研究者が訪問してくる。その一方で前近代的なバザールのような世界、土ぼこり舞う街路を半裸の労働者が行き交うような世界も残っている。

さて、この社会は「先進的」なのか、「後進的」なのか。「Ｂ級」なのか、「Ｓ級」なの

か。答えは容易ではない。これが2018年の深圳という街の姿であり、また中国という不均一な経済大国の一面を示してもいる。さらにいえば、新興国・途上国に先端的都市ができつつある今日において、国レベルの議論には明らかに限界が生じている。もしかしたら、更新すべきは先進vs.後進という二元的な「モノサシ」自体かもしれない。

そもそも、ある国を「B級である」とか「S級だ」と表現することには、個人的には相当の抵抗感がある。こうした表現には、「自分たちから見てどうか」という価値観が多分に投影されているからだ。そこで、社会科学の「概念」や「モノサシ」を援用することで「B級とS級」の問題を多少分析的に考えてみたい。

では「B級」とは何を意味するのだろうか。国際政治の観点から見ると対外的な影響力が低いこと、そして経済的には1人当たりの収入や生み出される価値が低いことを意味するのではないか。

収入が少なくても不幸とは限らない。かつての日本がそうだったように、世界のどの途上国にも愛や幸せはある。その一方で、経済力という変数は、健康状態、平均寿命、教育水準などの生活と密接にかかわるさまざまな指標と強い相関関係があるだけでなく、幸福感とも深く連関している（Todaro and Smith, 2012）。

このほかにも途上国の未成熟な制度は、知的所有権が保護されずに海賊版が横行する問題を起こすだろう。発明者への利益が保護されなければ、だれも新たな革新をしようとしなくなってしまう。毒餃子や段ボール肉まんが流通するような食品安全や衛生意識の欠如《けつじょ》もこうした制度の問題だ。

さらにいえば、発展途上国は、多くの場合には国際的な決済通貨である米国ドル（いわゆる外貨準備）を十分に持たない。したがって、海外からの設備や技術導入にも限界が生じてしまいがちだ。たとえば１人当たりＧＤＰが１０００ドルに満たないエチオピアでは、２０１８年現在、いまだに外貨準備が不足しており、これが現地での外資企業の経営にとって最大の障害となっている。

これに対して「Ｓ級国家」とは、経済的には先進国、すなわち高所得国（世界銀行の２０１９年度基準でＧＮＩ〔１人当たり国民総所得〕が１万２０５５ドル以上）で、それももっとも進んだ国であり、そして政治外交の領域では自ら国際秩序やルールを規定できる「超大国」と考えることができるはずだ。１人当たりの所得が高く、効率的な産業があり、新たな製品やサービスを作り出すイノベーションの源《みなもと》でもあるような国だ。

第二次世界大戦以後の時代、いわゆる戦後を念頭に置けば、国際連合、世界銀行、国際通貨基金（ＩＭＦ）、国際貿易のルールと運営を、超大国たるアメリカが牽引《けんいん》してきた（東京大学社会科学研究所編，1998）。アメリカは世界の富を生みだし、その生活と消費のスタイルすらも日本を含む外国に伝播《でんぱ》していった。

日本――先進国かつ地域大国

中国を議論するまえに、日本の位置取りに言及しておこう。

日本は経済的には１９６０年代の高度成長期をへて高所得国化し、「先進国クラブ」とも呼ばれる経済協力開発機構（ＯＥＣＤ）に加盟した。所得向上にとどまらず、ソニーやトヨタといった企業は、国際市場で競争できる製品を開発し、イノベーションの担い手となってきた。

アメリカの社会学者エズラ・ヴォーゲルの著書『ジャパンアズナンバーワン』（１９７９年）は、日本の高度成長期を取り上げたものだ。その後の１９８０年代はおそらく日本が「Ｓ級」にもっとも近づいた時期といえるだろう。しかし日本人の平均的な購買力は90年代以降にむしろ低下しており、アジアのなかでも成長をつづけたシンガポールには追い抜かれている（戸堂, 2010）。

国際政治の分野では日本を「ミドルパワー」として位置づける議論がある（添谷, 2005）。国際秩序を単独で自ら創り上げる意思と能力は欠くものの、多国間協調を通じて秩序に対して一定の修正をうながすことができる力を持つ国である。アジア地域を念頭に置けば、１９６６年のアジア開発銀行（ＡＤＢ）発足や、アジア諸国への直接投資を通じて、地域のルール策定と成長には積極的に関与し、また実際にある程度の仕組みをつくってきたことを指摘できる。

中国――B級、S級が混在する「途上国かつ大国」

では中国はどうか。経済面からみて、一刀両断にできないのが中国の実情だ。ここでは３つの視点から整理しておこう。

第一の視点は、「１人当たり」から見えてくる中国だ。

１９７８年以降の40年間、いわゆる改革開放期の中国が急激な経済成長を遂げてきたことはよく知られている。世界銀行の「世界開発指標」によれば、中国の１人当たりＧＤＰは１９７８年には３０７ドルであったが、２０１７年には７３２９ドルに達している（２０１０年ドル換算）。世界銀行の基準から見ると、中国の１人当たり所得水準は「上位中所得国」のレベルにある。平均寿命は１９７８年時点での65・8歳から、２０１６年には76・2歳へと伸びた。識字率も１９８２年の65・５％から、２０１０年には95・１％に上昇した。

改革開放の初期段階には「アフリカと同水準」と評価されていた地域が、国際的に見ても中レベルの豊かさを持つ地域に変貌《へんぼう》したのである。現状、世界一の人口大国である中国がこのような変貌を遂げたインパクトは大きい。世界の貧困人口の劇的減少に対する中国の貢献はとくに大きかった。

それでも国際比較をすると、いまだに「中所得水準」にあることも事実である。この1人当たりの所得からいえば、低所得から中所得へと移行したものの、高所得国へと転換を実現するためには今後も安定的な成長が求められる。

現状では、中国政府の自己認識は「発展途上国」であり、「小康社会」と呼ばれる「ややゆとりのある社会」を2020年に実現することを国家的目標に掲げてきた。つまり「1人当たり」の指標からは「S級中国」論はいいすぎだといえるだろう。

第二の視点は「1人当たり」ではなく、その内部での「格差」や「ばらつき」から見えてくる中国だ。「1人当たり」とは、14億人平均の話であり、世界でも所得格差の大きい国である中国では、一部の地域や階層を取り上げてみると、そこから見えてくる姿は別の世界に映る。

のちほど言及する深圳市の場合、もっとも豊かな南山区の1人当たりGDPは、データ上は5万ドルに達している。中国の都市部の1人当たりデータに関しては、出稼ぎ人口が含まれていないケースも少なくないため、多分に嵩《かさ》上げされている面があるものの、本書の田中信彦さんの第5章に示されているように都市部での消費のアップグレードは進んでいる。

筆者は中国北京《ペキン》の大学に留学していたときに、日本語を学んでいる学生からいわれた言葉が忘れられない。

「中国人は日本に行けば、平均的な日本人に出会える。日本人が中国に来ても、平均的な中国人には出会えない。なぜなら平均的な中国人が存在しないからだ」

格差や多様性が対象の把握を困難にさせているのである。

そして最後の視点は、１人当たりでもばらつきでもなく、「全体の規模」が意味を持つ領域に目を向けることである。中国経済は２０１０年には日本を超えて世界第2位の規模になった。人口が多いため、当然、合計での経済規模も大きくなる。ただ、人口の多さや国内市場の大きさが、たとえば製品や技術開発の領域では決定的な意味を持つ場合がある。いわゆる「規模の経済性」の存在である。

昨今注目を集める中国での最先端製品の開発や、ＩＴサービスの登場、そしてユニコーン企業の登場も、国内市場の大きさが貢献している面がある。イノベーション活動は全国くまなく発生しているのではなく、むしろ「非平均的な場所」「突出した場所」に集中する傾向にある。

「1人当たりから見た中国」「ばらつきから見た中国」「総体としての中国」、それぞれの視点で見えてくる中国像は異なってくる。平たくいえば、視点の設定によって、中国には、「BとSの世界が併存している」ということになり、これはいまの中国の実像でもあるだろう。

右に述べたように、「1人当たりで見て中レベル水準」であることは、「一国として世界最大級の経済」であることと併存しているし、また「世界でも有数のテクノロジー企業の登場」は、もう一方で「日雇い労働者の街」との併存を否定しない。中国のある地域からグローバル企業が生まれているとしても、それは平均的な中国企業ではないことも事実だ。

このような姿をもう少し具体的に検討するために、深圳市の事例を取り上げる。

2 深圳の変貌――「下請け工場」から「イノベーション都市」へ

「香港の隣のアフリカ」だった深圳

都市のレベルで、「B級都市」から「S級都市」へと変貌を遂げたと理解されつつある事例が、中国南方の広東省にある深圳市である（丁, 2018; 伊藤, 2018a）。

１９８０年代まで人口30万人の漁村にすぎなかった地域が、その後、香港企業や日系も含む外資企業の進出によって開拓が進み、２０１０年代にはローカル系のテクノロジー企業の台頭も目立ち、にわかにイノベーション都市として認識されるようになった。

１９４９年の中華人民共和国の成立以後、毛沢東《もうたくとう》の方針のもとで社会主義国化するにしたがい、香港とのあいだには経済格差のみならず、自由主義陣営のイギリス統治のもとで、経済システムの面でも体制的差異が生じた。１９６０年代から１９７０年代には香港でも輸出型工業化がはじまったのに対して、当時中国大陸では極端な社会主義化運動が吹き荒れていた。

この時期、河をはさんだ深圳側と香港側の所得格差は拡大し、１９５９年に始動した無理な工業化政策である大躍進運動と飢饉《ききん》が重なった。さらに、１９６０年代には文化大革命が発生した。必然的に生じたのが深圳から香港への多数の亡命である。中国語で「大逃港」と呼ばれる事件で、和訳すれば「香港への大逃亡」となる。

一説では、計画経済期の合計で12の省から合計１００万人が香港へと逃れたという。社会主義陣営から自由主義陣営の両陣営のあいだにあった圧倒的な経済格差がもたらした悲劇であり、逃亡を防ごうとする当局にみつかって逮捕された人も少なくない。その犠牲者《ぎせい》数はベルリンの壁以上ともいわれている（陳，2010）。

１９９０年代初頭の段階まで「香港の隣にアフリカがある」とまで呼ばれていたほど、香港とのあいだには大きな経済格差があった。

香港と深圳のあいだに羅湖《らこ》という通関がある。イギリスによる香港割譲《かつじょう》時代から存在する歴史的な通関である。羅湖通関を香港側から深圳側に抜けたところ、３００メートルほど先にシャングリ・ラ ホテルがある。かつては通関の先にはスリも多く、「通関からシャングリ・ラ ホテルに到着するまでのあいだに、財布が盗まれてしまう」という都市伝説が残っているほど、治安の悪さで有名だった場所だ。

アジアの多くの新興工業地域と同じく、ここでも一大風俗業界が立ち上がり、羅湖にもいかがわしい雰囲気が充満していたらしい。そして深圳の北西側に位置する東莞《とうかん》市は「性都」と俗称されるほどの「活況」を２０１２年頃まで保っていた。この業界の名残《なごり》と姿については、香港の作家「向西村上春樹」の小説「東莞の森林」（『ノルウェイの森』のパロディ）に描かれ、「一路向西（一路、西へ）」として映画化もされている。

加工貿易に特化した下請け工場時代

１９７８年以降に中国政府は「改革開放」と呼ばれる政策転換を段階的にはじめる。政府が物の価格をコントロールする社会主義計画経済体制を徐々に市場化する「改革」と、そして外国企業による投資と工場建設を認める「開放」の両輪が始動した。その実験地となったのが経済特区に指定された深圳市だ。

製造業の話に戻ると、下請け工場の時代、深圳市の多くの工場が採用したのは「加工貿易」と呼ばれるモデルであった。これは必要な原材料をすべて国外から無関税で持ち込み、深圳市で豊富な労働力を活用して組み立て、そして完成品を全量輸出するというモデルである。これは当初、現地に関連部品を供給できる工場が一切なかったためだ。

製造業の分野では「スマイルカーブ」と呼ばれる説明方法がよく用いられる。台湾の製造請負企業である宏碁（エイサー）の創業者、施振栄（スタン・シー）氏が提唱したモデルである。製造業の工程を、開発、製造、販売と３段階に分けたとき、それぞれの工程から得られる付加価値は、両端の開発と販売工程で高くなり、真ん中の製造部門では低くなる、というものである。

このモデルを念頭に置くと、深圳に代表されるような加工貿易は、まさにスマイルカーブの真ん中の製造工程を担うことに特化した場所だった。

日本企業もこの地で工場を立ち上げた。サンヨーに代表される家電メーカーや複写機メーカーが、この地で生産拠点を立ち上げた。日本の中小企業の中国進出をサポートする場所として「テクノセンター」と命名された工業団地も設立されたことは、このような加工貿易モデルの広がりを体現していた。2000年代前半まで、深圳経済を牽引してきたのは明らかに外資企業だったといえるだろう。

「B級」ゲリラ携帯産業の勃興と危機

冒頭で述べた基準から考えると、2000年頃までの深圳市は豊かさの観点から見ても、そして新たな製品やサービスを作り出す仕組みから見ても、先進都市とはほど遠かった。

2000年代の後半から2010年代の初頭にかけて、深圳から立ち現れた製造業として注目を集めたのは「ゲリラ携帯産業」と呼ばれた一群であった。典型的には台湾企業が提供する第2世代の携帯電話用のチップセットを活用し、ノンブランドかつ軽微な差別化しかほどこさず、また知的財産権、とくに意匠《いしょう》権を無視した携帯電話も製造して国内外に販売するパターンゆえに、「ゲリラ」あるいは「山賊」と呼ばれた産業である（第1章の「山寨携帯」も参照）。

ゲリラ携帯産業は、2012年には一時、年産2億台の規模にも達し、世界の携帯電話シェアの4分の1を占めるといわれた時期もあった。

筆者が2011年に深圳を調査した際にお目にかかったのは、1ヵ月に100万台の携帯電話基板を生産し、設計と製造はエンジニアが担当するものの、販売は商売に長《た》けた温《おん》州《しゅう》人（浙江省《せっこう》）が担当するというビジネスモデルの企業だった。

また、別の携帯基板製造業者が開発していたのは「インド市場向けにSIMカードが2枚入り、なおかつ彼らが好きな大音量で音楽をかけられる携帯電話」だった。たしかにSIMカードが2枚入り、大音量のスピーカーを内蔵する携帯電話はノキアは製造していなかったし、需要があるだろう。

ただ同時に、「新製品」ではあるが、コア技術は社内に存在せず、モジュールの追加による新機能の付加にとどまり、これを「プロダクトイノベーション」と呼ぶには違和感があったのも事実である。B級ガジェットの実態については偽《にせ》ファミコンの時代からさかのぼって議論している山谷剛史さんの第4章がくわしい。

同時に、2000年代後半以降には中国、とくに広東省では出稼ぎ労働者の不足によって賃金が急上昇しはじめていた。さらに2008年の世界金融危機による外需の劇的減少というショックが重なり、いわゆる下請け型の輸出企業の倒産が相次いだ。2009年1月には、広東省の加工貿易型輸出は前年同月比で30％減を記録し、「倒産の波」がメディアで騒がれた時期もあった。

加えて、韓国系のサムスン電子が２００８年から２０１３年にかけてベトナム北部に、そして２０１１年から２０１３年には日系の複写機メーカーがベトナム、フィリピン、タイに新工場を建設し、いわゆる製造業分野での「チャイナプラスワン」あるいは「脱中国」という動きが注目された。

この時期には、付加価値が低い製造業にとどまり、賃金上昇と外資企業の国外展開の影響も受けて、広東は典型的な「中所得国の罠（低コストの競争力が失われた後に、新たな成長産業が育たず、経済成長率が低迷すること）」にはまる可能性が指摘された。経済特区としての制度的な優位性がなくなり、さらに賃金が上昇した後に、広東はいったい何をすればよいのか、現地の経済学者のなかで危機感のある議論が見られていたのである（伊藤，2016）。

「S級」企業の登場——5Gのファーウェイ、テンセント、DJI

こうした外部環境の変化のなかで、２０００年代にも地場系企業の成長も観察されてきた。１９８７年創業の華為技術（ファーウェイ）は当初、農村市場での通信基地局の分野で成長をつづけ、そしてＩＴ業界では１９９８年に深圳で創業したテンセントがＰＣ向けのメッセージソフト「ＱＱ」を軸として成長をはじめていた。

２０１０年代の半ば以降、データから見ても国際特許出願数やベンチャー企業の数で見て、深圳市の台頭が明らかになってきた。とはいえ、たとえば特許出願数の急増の背景には補助金の存在もあり、こうしたデータをそのまま受け入れることはできない。それでも地場系大企業がグローバル市場で存在感を高めはじめたことが、深圳に対する評価を大きく変えることになった。

ファーウェイはモバイル通信の基地局市場で世界有数のシェアを獲得し、さらにコンシューマー向けのスマートフォンの開発製造にも参入し、最近ではＭａｔｅシリーズ、Ｐシリーズといったフラッグシップモデルではコアチップの内製化だけでなく、製品の完成度としても高い評価を受けるようになっている。加えて第五世代通信（５Ｇ）をめぐる技術開発では国際技術標準の策定にも参画《さんかく》し、次世代技術の開発のフロンティアで存在感を高めている。このような高い競争力が米国政府に警戒感をもたらしている。

テンセントに目を向けると、同社のメッセージソフトＱＱは「せいぜい子供が無駄話をするためのもの」と評価されてきたが、モバイルアプリであるウィーチャットは、社会人も含めて広く浸透し、中国人の社交とメッセージ交換のニーズを埋めた。さらに近年ではゲームをはじめとするコンテンツ産業や電子決済、そして機械学習とアルゴリズムの分野でも世界的有力企業となりつつある。

また創業10年程度の新興企業の分野では、深圳のサプライチェーンを活用した、製造業分野でのスタートアップ企業、いわゆるハードウェアスタートアップの群出も注目されている（高須＋ニコニコ技術部深圳観察会編，2016）。

コンシューマー向けドローンのＤＪＩ、３６０度カメラのInsta360、個人向けロボットアームのＤＯＢＯＴ、水中用ドローンのＱＹＳＥＡ等々、海外市場で成功する中国発の製造業系完成品ベンチャー企業の多くが深圳に本拠を置いている。

「インド市場向けにＳＩＭカードが２枚入り、大音量で音楽が流せる携帯電話」を作るレベルから、「いまだに市場が形成されていない未知の新規製品セグメントを切り開く」という、より本格的なプロダクトイノベーションが、ＩｏＴの分野で起きつつある（写真２－２）。

前述のスマイルカーブを念頭に置くと、まさに製品の設計開発と販売という両端を担うのがハードウェアスタートアップであり、スマイルカーブの真ん中を担うはずの場所であった深圳からその真逆の企業が登場したことは、深圳企業の新たなビジネスモデルを示す現象である。

中国には「製造業の街」とされてきた地域が少なくない。蘇州《そしゅう》、昆山《こんざん》、温州、広州《こうしゅう》、潮州《ちょうしゅう》などである。これらの地域ではなく、深圳からこうした新世代のベンチャー企業が

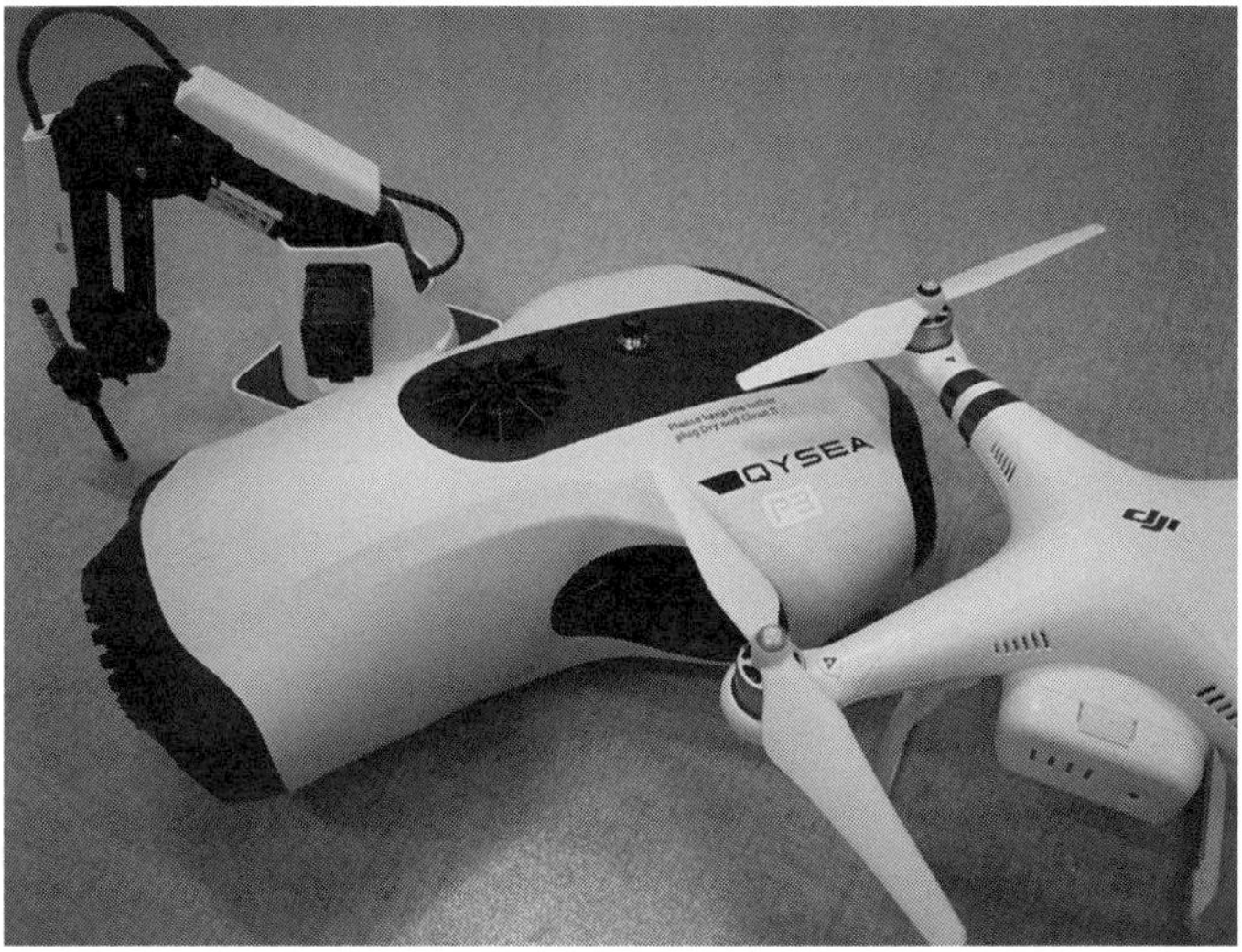

2-2　（左から）DOBOTのロボットアーム、QYSEAの水中用ドローン、DJIのドローン。すべて深圳企業の製品である

群出したことは注目に値《あたい》する。

深圳を支えるサプライチェーンとベンチャーキャピタル

深圳からのハードウェアスタートアップ企業の登場の背景には、サプライチェーンの存在に加えて、新世代の企業家の登場、そしてリスクマネーを投資するベンチャーキャピタルの存在がある。

前者のサプライチェーンとは、現地でＥＭＳ（電子機器受託製造サービス）事業を展開するＪＥＮＥＳＩＳホールディングスの藤岡淳一氏の言葉では、１時間以内に部品業者、設計業者、そして物流通関までが揃う状況を指している（藤岡, 2017）。とくにサプライチェーンの「司令塔」とも呼ばれる基板設計業者が存在することで、製品の部品リストの作成の手間が大きく低下している。

同時に、筆者が藤岡氏の工場でインターンしたなかで感じたことは、小ロット化する注文に対応して、日々、生産ラインのなかでの生産作業の切り替え、そして従業員を取りまとめる現地マネージャーの重要性である。ものづくりの現場を支えるプロの存在が、「ハードウェアのシリコンバレー」とも呼ばれる深圳の足腰を支えているのである。

こうしたサプライチェーンの基盤の上に立って、新世代の企業家が斬新《ざんしん》な製品アイデアを提案し、市場に製品を届けている。

ＤＪＩの創業者、汪滔（フランク・ワン）は１９８０年生まれであり、Insta360の創業者、リュウ・ジンキン（通称ＪＫ）は１９９２年生まれである。彼らは中国に生まれ、ワンは香港科技大学で、リュウは南京大学で工学を学び、その後自ら創業した。その際、彼らは製品の試作をもとにしつつ、ベンチャーキャピタルからの投資を受け、製造と出荷、そしてさらに新製品の開発というサイクルを回すことに成功している。

ＤＪＩはコンシューマードローン市場で市場シェアの70％を獲得していると評価され、事実上の業界標準機の地位を確保している。

「72時間連続で働く執着心が必要」と語る熱量

右に述べたようなサプライチェーンの存在、新世代の企業家の登場、ベンチャー投資の増加といった要因はロジカルに説明できることである。しかし同時に、現地企業を見学し、また交流するなかで感じられるのはエンジニアの眼の輝きであり、企業家の火の玉のような言葉である。ＤＪＩのフランク・ワンは自社ＨＰの「ＤＪＩについて」というページで、次のように述べている。

「悩みなくして得られる成功など無く、ＰＰＴ（パワーポイント）のみに頼って得られる富も無く、また天から降ってくるハイテクもない。卓越したものを追究するためには、無数の苦しく思索に耽《ふけ》る深夜を過ごし、72時間連続で働く執着心が必要であり、また真相を大声で言う勇気が必要だ。（中略）10年間、ＤＪＩは業界のトップに立ち、グローバルな空撮の新時代を切り開き、世界を改造する無限の可能性を示してきた。われわれの経歴が証明するのは、駆け出しの若者が他者に迎合せず、日和見《ひよりみ》的に投機せず、ただまじめに物事をおこなえば、必ず成功できる、ということだ」

働き方改革を進める日本であれば、「72時間連続で働く執着心」という言葉はすぐに炎上してしまうだろう。しかし、ＤＪＩはこの言葉をすでに最低でも3年間は自社ＨＰに掲載しているし、フランク・ワンは現地のヒーローである。

試行錯誤しながら変化する「社会実装都市」

深圳に２０１７年から２０１８年にかけて滞在したなかで体感したことは、「この都市には新しい製品やサービスがいち早く試行錯誤《さくご》され、導入されている」ことである。とくにモバイル決済の普及が、「だれからでも、どこからでも、無人で代金回収ができる」という新たなインフラとなったいま、この新しいインフラを前提としたさまざまなサービスが数多く試行錯誤されている。

筆者はこのようなイノベーションのあり方を「社会実装型のイノベーション」と呼び、そして深圳は一つの「社会実装先進都市」であると考えている。技術的には可能でも利害関係や規制、そして社会的要因によって実際にサービスが導入されないこともある。新しい技術やサービスが社会に導入されていくプロセスをここでは社会実装と呼んでいる。

たとえばモバイル決済を前提として、支付宝（アリペイ）や微信支付（ウィーチャットペイ）を軸としたスーパーアプリから、オフラインの物体的サービスがつながりつつある。いわゆるＯ２Ｏ（Online to Offline）のサービスであり、ライドシェア、シェアサイクル

（自転車のシェアリング）、モバイルバッテリーの貸し出しサービス、無人コンビニ等々、新たなサービスを挙げることができる。このなかには「シェアリングエコノミー」といいながらも、ウーバーやディディのようなすでに存在する資産のシェアリングではなく、運営企業みずからが資産（たとえば自転車）を設置するという事実上のレンタルエコノミーも含まれている。

後者のレンタルエコノミーは、運営上のコスト負担が大きく、代表格であるシェアサイクルもいまだにその営利性と継続性に疑問が投げかけられている。しかし、モバイル決済と第四世代そして第五世代の通信インフラを前提とした新たなＩｏＴサービス領域では、いまだに定式的な答えが見つかっていない。この領域では多くの試行錯誤をするなかで、取捨選択がされていくと考えられるが、中国の活発なベンチャー投資はこの試行錯誤を加速的に実行しつつある。

したがって、シェアサイクルがビジネスとして潰《つい》えようとも、その経験は中国ベンチャーエコノミーの領域では重要な知見をもたらすことになるだろうし、すでにそうなりつつある（伊藤・高口，2019）。

2-3　深圳大学のキャンパス内を飛ぶDJIのInspire（深圳大学内にて）

ドローンが日常茶飯事の街

社会実装はけっしてモバイルエコノミーの領域に限定されるものではない。筆者が深圳大学に滞在していたとき、キャンパス内の芝生ではドローンが頻《ひん》繁《ぱん》に飛んでいた。小型のドローンだけでなく、ＤＪＩの大型機Inspireも飛んでいた。

その横を学生が通り過ぎていくが、彼らは見向きもしない。彼らにとっては日常茶飯事《さはんじ》の光景だからである。事実、深圳市では、ドローンで空撮している様子を頻繁に目撃することができる。

筆者は所属する東京大学の本郷キャンパスを空撮するチームに同行したり、

またワークショップでドローンを置いてプレゼンをしたりしたことがある。空撮の際に生じたのは人だかりであり、ワークショップで起きたのは工学部の学生が「揺れ防止のジンバル機構ってこうなっているんですね」といった反応であった。

日本の大学でドローンが飛んでいる姿は稀だろう。もしかしたらドローンコンソーシアムを主催している慶應大学ＳＦＣキャンパスでは比較的見られるのかもしれない。すくなくとも、ロボット、たとえばペッパーが歩行し、ドローンが飛んでいたときに、認識はするもののだれも見向きもしない、そのようになったとき、その社会にロボットが根付いたといえるだろう。この観点からすると、リスクを過度に強調することは、新たな端末と技術の社会的な普及を押しとどめることになってしまう。

イノベーションの裏側で――「城中村」と「三和市場」

このように深圳は「Ｂ級の下請け工場」から「Ｓ級のイノベーション企業」が登場する段階へと変化してきた。

しかし、実態は単純ではない。深圳市だけを取り上げても、この都市の中に、まだまだ「城中村（Urban Village）」と呼ばれる出稼ぎ労働者の集住地域があり、日雇い労働者の街「三和市場」があり、そしてゲリラ産業的なビジネスモデルをつづける企業も存在しているからだ。深圳市南山区の1人当たりGDPは5万ドルであっても、最低賃金は約300ドル（2000元強。約3万円）であるし、不均一性は深圳市の中ですら明瞭だ。

深圳市の大通りを車で通ると、その広い道路と沿線の緑豊かな風景に目を奪われる。深圳市には目抜き通りが2本あり、深南大道、濱海大道を通るとその印象は整備されつくしたシンガポールを思わせる。

大型ショッピングモールや開放感あるテーマパークが並び、テンセントの新本社ビルのあるソフトウェア産業基地エリアは未来都市を感じさせ、そして自由貿易特区として建設が進む前海地区には500平米で一部屋10億円のマンションが分譲されている。

しかし、これらの大通りの裏側には出稼ぎ労働者たちの街「城中村」が多く残存している。白石州や南頭城をはじめとして、いまも多くの住民が住む一方で、すぐ近くにはハイテク企業のオフィス街が迫り、大手不動産開発業者はこれらの地域を開発することを目指している。

2017年12月から2018年3月の会期で、深圳と香港の共催で実施された「深圳建築ビエンナーレ」の会場は、まさにこうした「城中村」の中だった。若い人口の多い深圳市としては例外的に、こうした城中村では老人も目立ち、建物の多くは1990年代までに建てられたと思われ、老朽化が目立つ。この展示会の趣旨説明を読むと、次のような問題意識が掲げられていた。

「中国を振り返ると、現代の都市化の進展は権力と資本のあいだで30年あまりの高度発展を遂げた。もともと存在したソビエトロシア式の現代主義と市場に主導された徹底的功利主義の二重モデルの駆動のもとで、われわれの生活する都市は例外なく単一のものへと変化してきた。（中略）このような現実に直面し、われわれは一種の多元的な『共生』の都市モデルを呼び起こしたい。われわれは自覚的に、単一で理想化された未来図に反抗すべきだ」

建築家や人類学者のなかには、城中村が業者によって「再開発」されることに危機感を持つ人もいるようだ。しかし、この建築ビエンナーレ自体のスポンサーに、開発業者が入っていることも、また事実だ。

深圳市が工場の街であったことはすでに述べた。必然的に生まれたのが、工場が労働者を募集するための場所だ。日本では安田《やすだ》峰俊《みねとし》さんが記事で取り上げた深圳の三和市場には、2017年6月時点でもまだ「1日働いて、3日ネットゲームをする」という生活が感じられた（写真2－4）。

2-4　深圳市の「三和市場」近くのネットカフェ

ネットゲームを遊ぶ男性の右手に置いてあるペットボトル「清藍（Qinla）」は2リットルで2元（32円）という格安の蒸留水で、まさにB級的世界を体現している。

深圳市人民政府が「イノベーション都市」としての自己認識を強め、そしてある程度実態がともなうことで、こうした「イノベーション都市らしからぬ側面」は急激に「再開発」されるか、「漂白」されつつある。中国語では「城中村」は「改造」され、三和市場は「整頓」されつつある。しかし、2018年の時点ではまだ両者が併存している。S級的世界の一歩裏にはB級的現実もまだ見られるのである。

3「S級中国」脅威論――米中摩擦と一帯一路をめぐって

米中貿易摩擦と技術競争

このように「B級」的実態と「S級」的事例がいまの中国には併存している。そして中国の新たな「S級」的な側面が、派生的な問題群をもたらしつつある。

その筆頭は米中貿易摩擦《まさつ》である。トランプ陣営は選挙運動中から対中強硬派の経済学者ピーター・ナヴァロ氏を中心として、貿易赤字の解消を中心に中国への警戒感を示してきたが、２０１８年に入り、貿易摩擦という形で二国間関係の劇的な悪化が生じた。トランプ政権は、通商拡大法２３２条によって「安全保障上の脅威」を理由とした鉄とアルミニウム製品への関税適用をおこない、通商法３０１条では中国による「不公正な貿易上の取り組み」を理由とした関税の発動をおこなっている。

さらに２０１７年12月発表された国家安全保障戦略では、ロシアと中国を「戦略的競争相手」として位置づけ、単なる経済上の懸念《けねん》を超えて安全保障の領域でも警戒心を高めている。

貿易赤字の解消、米国国内での雇用の創出、そして国家安全保障戦略、これらの多様な論点があるが、そのなかでも重要な論点となっているのが技術と知的財産権をめぐる論点である。

たとえば301条の発動にあたり、米国通商代表部が2018年3月に発表したレポートは、本文182ページ、脚注1139個の文書であるが、このなかでは中国政府による強制的な技術移転や、中国企業の対外直接投資、そしてサイバー技術を通じた技術の盗用が問題視されている（Office of the United States Trade Representative, Executive Office of the President, 2018）。

このように「貿易摩擦」と呼ばれてはいるものの、実体的な問題の背景には技術をめぐる競争があり、最近では自動運転や人工知能分野での先端的技術開発の領域ですら中国企業の台頭が進みつつあることが、危機感をもたらす要因になっている。

深圳の事例として取り上げたファーウェイの通信設備に対しては、2019年1月に米国議会の超党派議員が大統領権限で米国企業との取引を禁止する法案を提出している。テンセントもシリコンバレーのＡＩ企業への投資が問題視されつつあり、またＤＪＩのドローンは米国国防総省系の研究所のレポートで情報漏洩《ろうえい》のリスクありとして政府調達からの

愛読者カード

ご購読ありがとうございました。今後の参考とさせていただきますので、ご協力をお願いいたします。また、新刊案内等をお送りさせていただくことがあります。

【1】本のタイトルをお書きください。

【2】この本を何でお知りになりましたか。

1.書店で実物を見て　2.新聞広告(　　　新聞)

3.書評で(　　　)　4.図書館・図書室で　5.人にすすめられて

6.インターネット　7.その他(　　　)

【3】お買い求めになった理由をお聞かせください。

1.タイトルにひかれて　2.テーマやジャンルに興味があるので

3.著者が好きだから　4.カバーデザインがよかったから

5.その他(　　　)

【4】お買い求めの店名を教えてください。

【5】本書についてのご意見、ご感想をお聞かせください。

●ご記入のご感想を、広告等、本のPRに使わせていただいてもよろしいですか。
□に✓をご記入ください。　□ 実名で可　□ 匿名で可　□ 不可

郵便はがき

切手をお貼りください。

102-0071

東京都千代田区富士見一―二―十一
KAWADAフラッツ一階

さくら舎 行

住所	〒 都道府県		
フリガナ		年齢	歳
氏名			
		性別	男 女
TEL	( )		
E-Mail			

さくら舎ウェブサイト www.sakurasha.com

排除が提案されたこともある。

近年では経済的手段を活用した地政学的な目的の達成という「地経学（Geoeconomics）」という言葉が生まれているが、さらに最近では「技術の地政学（Geo-Technology）」という言葉すら登場している。

中国政府は２０１８年９月までのところ、米国政府からの関税引き上げに対して、同規模の関税で対抗する報復措置を採用してきた。このような相互の関税引き上げが世界的な保護主義の台頭をもたらすことが懸念されているが、それでは中国経済にどのような影響があり得るのだろうか？

現状では、関税の引き上げの規模がいまだに確定していないために予想するのは困難だ。たとえば関（2018）では、１％の関税引き上げが、１・５％の輸出減少をもたらすと仮定して、４８０億ドルの輸出減につながると推計し、ＧＤＰ押し下げ効果は０・２％程度だとしている。

同時に、株式市場や投資の意思決定といった経路を通じてさまざまな影響が広がる可能性もあり、トランプ政権の意思決定の不安定性もあいまって、仮に米中両国が貿易協議で合意したとしても、先行きを見通すことは難しい。

「一帯一路」への期待と警戒

経済規模としてみると中国は２０１０年以降、世界第2位の経済大国となっており、２０１２年末に発足した習近平《しゅうきんぺい》政権になり、中国国外での対外政策も積極化してきた（習近平政権の安定性については水彩画さんの章が取り上げている）。その表れと認識されつつある政策の代表が海と陸のシルクロード計画、すなわち「一帯一路」構想である（伊藤，2018b）。

２０１３年に段階的に提案され、２０１５年3月には中国政府による公式の方針文書が公表され、２０１７年5月には北京で大規模な国際会議が開催された。

インフラ建設を軸とした広域経済圏構想としての側面が強いが、同時に、アジアインフラ投資銀行（ＡＩＩＢ）の設立、さらに新開発銀行（通称ＢＲＩＣＳ《ブリックス》銀行）の設立も含めて、新たな国際機関の新規設立を通じた国際的な影響力の拡大も目指されていると考えられる。

習近平国家主席は中国アラブ諸国協力フォーラム（２０１４年）での演説で、21世紀のシルクロードの建設がインフラのコネクティビティの向上を通じて地域の経済的な繁栄をもたらすと指摘したうえで、次のように述べている（国務院新聞弁公室・中国共産党中央文献研究室・中国外文出版発行事業局編，2014）。

「シルクロード精神の発揚は、道の選択を尊重することだ。『履物は足に合いさえすれば必ずしも同じでなくてよい。治国政策は民に有利でさえあれば必ずしも同じでなくてよい』という。（中略）われわれは異なる文化的伝統、歴史的境遇、現実的国情を持つ国々が同じ発展モデルを採用することは求められない」

こうしたインフラ建設を通じた開発計画であるが、「資金力（お金）で途上国を釣っている」にすぎないという評価も頻繁にみられる。インフラ建設プロジェクトは中国の銀行が他の国際機関や援助と比較して高利で貸し出しし、また中国企業が受注する紐《ひも》付きプロジェクトが大半を占める。なおかつ、現地住民や現地国政府の政権交代や方針転換によって、頓挫《とんざ》する事例も少なくない。ミャンマーのミッソンダムプロジェクトの頓挫はその筆頭として挙げられる事例である。

同時に、新興国側に依然として中国に対する高い期待があることも否定できない。カザフスタンやインドネシアといった国々では、国のインフラ拡充のために中国だけでなく多くの国際機関の枠組みの活用を模索しているが、そのなかでの新たな選択肢としての中国に対する関心と期待自体は否定されていない。

2–5　中国政府の援助で建設されたエチオピア・アディスアベバにあるアフリカ連合本部（左）とその隣に建設が進む「中国アフリカ援助本部ビル」の建物（右）

マレーシアでは２０１８年５月にマハティール・ビン・モハマド氏が選挙に勝利し、首相に再登板することとなった。中国企業による高速鉄道プロジェクトの見直しが決まった一方で、同氏は一帯一路構想自体には期待するという趣旨の発言をしている。

２０１８年８月の訪中時には、杭《こう》州《しゅう》の阿里巴巴（アリババ）本社を訪れ、同社会長の馬雲（ジャック・マー）氏（当時）、そして次期トップとされていた張勇（ダニエル・チャン）氏に面会している。高速鉄道プランが見直しになる一方で、マレーシアのデジタル自由貿易区（Digital

Free Trade Zone）プロジェクトへのアリババの参画は深まると考えるのが自然であろう。

中国との協力をめぐっては、ラオスやカンボジアといった国際経済への統合が遅れた地域では部分的に進む可能性があるとの仮説が存在する（白石・ハウ，2012）。しかし、いわゆる交通インフラの建設ではなく、デジタルエコノミーの領域での協力は、国際経済への統合が進んでいるタイやマレーシアでも、こうした協力は進むかもしれない。

アメリカのトランプ政権は中国の「一帯一路」への明確な態度を示していないが、すでに引用した301条報告を見るとじつに101頁が中国企業の対外投資を検討しており、実際のところ関心は高い。さらにトランプ大統領が2017年11月にベトナム・ダナンでおこなったアジア政策に関する演説では、アメリカの援助体制の改革にも言及しており、これは「一帯一路」を意識したものだとも考えられる。この意味で、中国の対外政策がアメリカの援助体制改革にも影響を与えているのである。

「途上国かつイノベーティブで大国」な中国にどう向き合うか

中国は1人当たりではひきつづき中所得国水準ではあるが、イノベーティブな企業も生まれてきている。そして同時に、米中貿易摩擦や一帯一路に見られるように、国際政治や国際秩序に影響を与えつつある。

途上国かつ大国であり、なおかつイノベーションの源泉でもあるような国は、これまでの第二次大戦後の世界には見られてこなかった現象である。「B級中国論、S級中国論」という課題設定はポップで浮ついたものに見えるかもしれないが、このような新しく重要なパズルにわれわれが直面していることを意味している。

このような新しく重要なパズルを解くにあたり、日本企業や日本政府が、何もしていないわけでもない。

中国から新製品や新サービスが登場するようになったことに対応して、海外系企業が中国のベンチャー企業に投資をしたり、一歩踏み込んだ共同開発を実施する事例も見られはじめている。また、ベンチャー企業の動向を収集するための新たな情報収集アンテナを設置したり、スタートアップコミュニティとつながっていく試みも見られはじめている。

中国の対外政策である「一帯一路」への対応はどうだろうか。日本政府は当初「一帯一路」への態度をあきらかにしてこなかったが、2017年後半以降に部分的協力へと方針を転換した。日本と中国の企業が、透明性などの条件を満たしたうえで、第三国で共同プロジェクトを実施することは地域貢献にもつながる。同時に、安全保障の領域では米国やオーストラリア、そしてインドといった国々とともに「自由で開かれたインド太平洋戦略」を通じたリスクヘッジを模索している段階であるが、この戦略については明確な方向性とタイムテーブルは確定していない。

最後に、日本自身の位置づけについても言及が必要だろう。

B級／S級論が想定していると思われる一つの強い仮定は、「日本はA級である」というものだ。経済は高所得国、国際政治は「地域大国」であることは、ひきつづき事実であろう。しかし、新しいテクノロジーの活用がうまく進まない場合、高齢化と人口減少、財政危機のなかで、日本が「途上国化」するというような事態はあり得ない話ではない。

加えて、アジアにおいてこれまで「課題先進国」とされてきた日本であるが、どこまで自分自身の課題を解決できているのだろうか。そしてその処方箋《しょほうせん》はどの程度海外にも有効なのだろうか。

たとえばアジアの課題が現地企業や中国企業に発見され、解決されていく時代もすでにはじまりつつある。マハティール首相がジャック・マーに期待しているのは、まさにマレーシアのデジタルエコノミーの発展という新たな課題の解決に、中国発のテクノロジー企業が貢献することだ。

「B級」「S級」と語るわれわれ自体が、いまどこに向かっているか、それ自体もこれからの中国論やアジア論自体を揺さぶってゆくことになる。そしてこのB級とS級が混ざる新興国の時代に関わることで、自分たちもアップデートできるはずだ。

注：本章は筆者の『電子書籍　加速都市深圳　β版』（BOOTH、２０１８年５月）を元に大幅に加筆修正を加えたものである。

第3章　習近平という政治的転換点

水彩画

1 中国現代政治の基礎知識

中国政治の読み解き方にはコツがある

中国政治はとかくわかりづらい。

というのも、社会主義国家である中国は日本とはまったく制度が異なるためだ。たとえば閣僚。日本では政権の中枢《ちゅうすう》だが、中国ではトップ200に入る程度の役職でしかない。

また、中国には報道の自由はなく、政界内部の動きはほとんど知ることができない。日本の大手メディアには、あたかも中国政界内部から情報を得たかのような、詳細な報道が載ることもあるが、じつは信憑性《しんぴょう》があるのか判断しがたい香港メディアの政治ゴシップ報道を引き写しただけだったりするありさまだ。

よくわからないからといって、「中国政治なんか知ったことではない」と無視もできない時代になりつつある。中国のGDPは世界第2位。彼らの動向は世界情勢に、そして日本の未来に大きな影響を与えるようになった。

わかりづらい中国政治を読み解くためのガイドラインを提供するのが本章の目的だ。中国政治に関する基本的な事項を紹介するとともに、習近平《しゅうきんぺい》以前・以後の変化について記述する。習近平が凡百《ぼんぴゃく》のリーダーではなく、中国政治の転換点であることが理解いただけるはずだ。

「党が指導する国」はすべてが二重体制

中国、すなわち中華人民共和国は、１９４９年の建国以来、中国共産党が一党独裁で支配する社会主義国である。いちおう共産党以外にも衛星党と呼ばれる８つの政党があるが、お飾りにすぎない。なにせ憲法（中華人民共和国憲法）に「中国共産党による領導（指導）は中国の特色ある社会主義におけるもっとも本質的な特徴である」と明記されている。独裁をやめるには、憲法を変えなければならないのだ。

中国共産党による支配は、国の上層部から社会の基層にまで張りめぐらされている。どういうことかというと、省庁などの国の機関、さらには企業、学校、あるいは住宅地の住民委員会にいたるまで、あらゆる組織は原則的には共産党委員会との二重体制になっている。日本にはない話なのでなかなか理解が難しいと思うので、北京《ペキン》を事例に紹介しよう。

市長といえば、日本ではその市でいちばん偉い人物になるわけだが、中国ではナンバー

2でしかない。北京市には北京市政府のほかに中国共産党北京市委員会という組織がある。「党委（共産党委員会）」と呼ばれるその組織のトップは書記。北京市長および北京市政府が行政を担当し、書記と党委がその北京市政府を指導するという関係だ。

政策を決定するのは書記と党委であり、実行するのが市長と市政府。共産党の立場がつねに上なのだ。あらゆる自治体、国有企業、学校には党委が設置されている。民間企業には党委がないところもあるが、最近では国が奨励していることもあって設置される事例が増えている。「民間企業といっても、結局共産党にコントロールされているじゃないか」と米国の不信を招いたゆえんだ。

省、市から県にいたるまで、サイズは違えども党委と政府が存在する。党が現地政府を指導する。指導する側とされる側の関係はどこまでいっても変わらない。

共産党員はエリートか

上から下まで、みっちりと党組織があるため、党員数も膨大だ。2017年末の時点で約9000万人。14億の中国人の6％以上が共産党員なのだ。改革開放がはじまった1978年時点では約3700万人。約40年で2・5倍と凄まじい勢いで膨張していることがわかる。

この党員膨張の背景には、社会と中国共産党の変化がある。市場経済を導入した中国では企業経営者や自営業者、中産層などの新たな階層が登場したほか、大学定員数も大きく増えた。中国は一党独裁の政治体制だが、独裁とはなにも下々《しもじも》の意見を無視できるという意味ではない。むしろ選挙によって信任されていないだけ、がんばって自らの正当性をアピールする必要があるともいえる。

そこで中国共産党はさまざまな社会階層を取り込もうと拡大し、その数を増やした。いまでは大卒以上の党員が４３００万人に達している。２０１５年の全国人口サンプル調査によると、大卒以上の学歴を持つ中国人は1億７０００万人。大卒に限れば４人に１人は党員だ。名門大学ならばさらに比率は高いだろう。その結果、名門学生ばかりが就職する大企業も社員は党員が多い。

一方で数が増えれば、党の質も変わる。かつては党員とはエリートの証《あかし》であったが、いまではちょっといい大学ならば学生でも簡単に党員になれてしまう。党員になったからといって必ずしもメリットがあるわけではないが、「就職向けに資格を一つ増やしておくか」というぐらいの軽いノリで入党する若者も多い。

それだけに党費未払い（党費は所得に応じて、毎月収入の０・５～２％程度を支払う決まり）や党規違反（共産党員は宗教の信仰が禁じられているが、こっそり信仰を持ってい

3-1　「党と共に起業しよう」と書かれた、テンセント社屋前のモニュメント。テンセントは職員約３万人のうち8000人、約26%が党員（2018年４月現在）

たり、あるいは風水にどっぷりはまる人もいる）が後を絶たない。

企業家もそうだ。会社が大きくなれば、政府との関わりも増える。党員にならないかと勧められて断れないこともあれば、付き合いの一つとして党員になることもあるだろう。

２０１８年、中国大手ＩＴ企業の阿里巴巴集団（アリババグループ）の創業者である馬雲（ジャック・マー）が共産党員だったことが判明したとして大きなニュースになったが、中国にくわしい人は「まあ、そうでしょうね」という受け止め方だった。ジャック・マーは政府と一定の距離を置いてきたとはいえ、中国を代表するような企業のトップが党員にならないなど考えづらいからだ。

アリババグループと並ぶ大手ＩＴ企業、騰訊控股（テンセント）のトップ、馬化騰（ポニー・マー）も２０１８年、人民服を着て革命聖地を訪問するというパフォーマンスを見せたし、テンセント本社の前には「党と共に起業しよう」というモニュメントまで置かれている。これだけ見ると、テンセントは共産党色どっぷりに見えるが、パフォーマンスと実態は別だ。支配政党の共産党に逆らっても得はないし、怒られないように忠誠を示すパフォーマンスを見せるぐらいはたいした手間ではない。共産主義の信奉者として振る舞いつつ、ゴリゴリの資本主義的ビジネスを展開するといった二面性はよくある話だ。

中国共産党は民間企業にも党組織を設立するよう求めている。どの企業が党組織を設立し、どの企業が設立していないかは公表されていないが、一定以上の規模の会社ならば、政府との付き合いを考えれば党組織をつくっているはずだ。

ただし、党組織があるからといって、その会社が共産党のいいなりかというと、そうではない。申し訳程度に党組織をつくるも活動実態がない企業が多い。

結局のところ、９０００万人もいれば内情はさまざまだ。ヒラ党員でも志操堅固《しそうけんご》な人物もいれば、たいした考えもなしに入党したナンチャッテ党員もいる。ちゃんと活動している党支部もあれば幽霊支部もあるわけだ。中国共産党は巨大なピラミッド型構造を持つ組織だが、底辺は結構いい加減といってもいい。

権力ピラミッドのトップに君臨する7人

中国共産党全体の意思決定機関となるのが中央委員会全体会議（全中会）だ。第19期（2017〜2022年）は中央委員204人、候補委員172人の計376人から構成されている。彼らは年1回北京に集まり、党の政策について議論、決定を下す。ちなみに候補委員は出席はできるが発言権はなく、投票もできないオブザーバー参加だ。

毎年春には「両会」が開催されている。全国人民代表大会と全国政治協商会議の総称だ。日本のメディアでは「日本の国会に相当」と紹介されることが多い。国会とは名ばかりで、法案が否決されたことはないが、両会をあえて中国政府版国会と呼ぶのであれば、中央委員会全体会議が中国共産党版国会といえるだろうか。そう考えると370人という、会議には多すぎる構成人数も理解しやすい。

日本の国会との違いは開催期間だろう。中央委員会全体会議が開催されるのは年1回、約4日間だけだ。これだけの期間ですべてを決めることはできないので、閉会中の意思決定機関がある。それが中央政治局だ。

中央政治局を構成するのが政治局委員だ。政治局委員は中央委員から選出される。政治

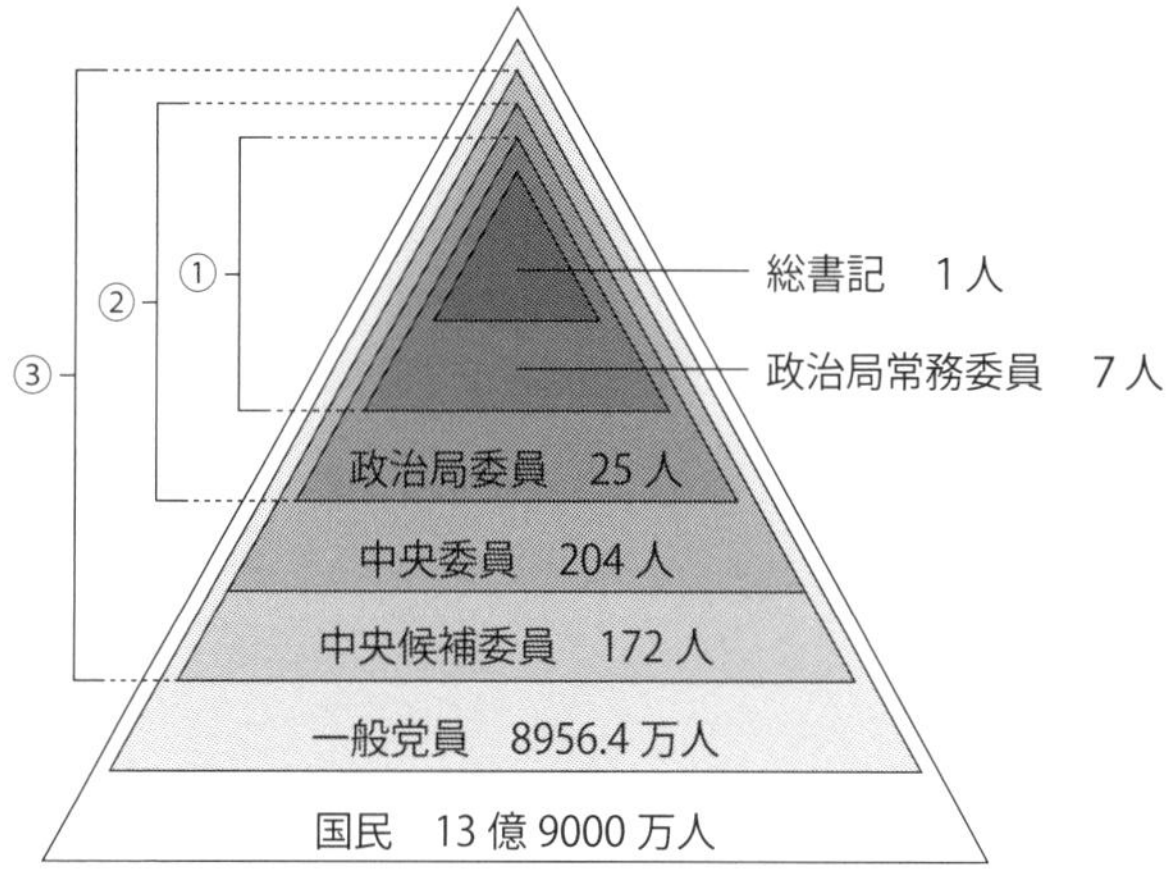

①政治局常務委員会会議（７人、週１回）
②政治局会議（25 人、月１回）
③中央委員会全体会議（年１回）

3–2　中国共産党の権力ピラミッド図

局委員は現在25人が定員で、ポストによっては中央委員クラスに指示を出す立場にもなる。

政治局委員25人の中から選ばれたトップ中のトップが、現在７人で構成される政治局常務委員だ。現在のメンバーは次のとおり。

習近平総書記
李克強《りこくきょう》総理
栗戦書《りつせんしょ》全国人民代表大会常務委員会
　委員長
汪洋《おうよう》全国政治協商会議主席
王滬《おうこ》寧《ねい》中央書記処常務書記
趙楽際《ちょうらくさい》中央規律検査委員会書記
韓正《かんせい》常務副総理

この7人は党内序列の順番に並んでいる。会議などの席次や、メディアで紹介される順番はこの序列にしたがって定められているが、序列7位の韓正は、序列6位の趙の命令を絶対に聞かなければならない、というわけではない。

彼らは常務委員会を構成し、重要な政策、人事に関する決定権を有する。政治局常務委員による会議「政治局常務委員会会議」が出した意見を、政治局会議で審議するという建て前になっているが、過去に意見が否定されたことはない。実際には、政治局常務委員が決めたことが中国共産党の決定事項となっているのだ。

その意味で、中国共産党中央政治局常務委員会会議こそ、中国の最高指導機関といえる。常務委員会は第14期（1992~1997年）から必ず奇数で構成されるようになった。賛否を問う多数決を取る際に、同票で分かれないようにとの考えからだといわれている。

ということは、常務委員の票はみな同じ重みを持っていることが推察される。国のトップである総書記だからといって、2票分、3票分の投票権を持っているわけではない。同じ1票でカウントされるというわけだ。

14億人の中華人民共和国。その中の独裁政党・中国共産党の党員が9000万人。共産党の意思決定機関である中央委員会が376人（うち投票権を持たない候補委員が172人）。常設の意思決定機関である中央政治局委員が25人。

そしてトップ・オブ・トップ、中国共産党の最高指導陣が政治局常務委員７人。こういうピラミッド構造になっているのだ。引退した長老が口をはさむこともあるが、原則的にはこの７人をどういう顔ぶれが占めるかをめぐって、中国の権力闘争は展開される。

以下、時代ごとにどのような政治力学があったのか、そして現在の習近平体制ではどのような構図になっているのかを追いかけてみよう。

大臣の上にある「副国級」ポスト

と、そのまえに、せっかく中国の巨大権力ピラミッドについて解説したので、そのために日中のカウンターパートがいびつになっていることについて触れておこう。

外交においてカウンターパートとは、対応する相手を意味する。大臣は大臣、事務次官は事務次官、局長は局長とお互い同等レベルの相手と交渉するのが常だ。ところが中国相手ではそれが成り立たない。

日本の外交のトップは外務大臣である。中国のカウンターパートは中国外交部（外務省）部長になるのだが、前述のとおり、中国では国家機関の上にいる共産党が領導するのがお約束。部長（外務大臣）は外交トップではないのだ。閣僚級の上に副国級というクラスが存在し、閣僚級に指示を出しているため、部長といっても、実際は次官クラスでしかない。

日本の閣議に相当する国務院常務会議は週に1回程度開催され、共産党の方針や決定を実際の政策に落とし込んでいくのだが、常時出席するのは国務院総理、副総理、国務委員と、国務委員の1人が兼任する秘書長だ。閣僚も議題によっては出席するが、レギュラー参加ではない。

たとえば、第18期（2012〜2017年）は、駐日大使や六者協議（北朝鮮の核問題を解決するための6ヵ国協議）の議長などを歴任した王毅《おうき》が外交部長（外務大臣）をつとめたが、外交担当の国務委員（副国級）というポストで、楊潔篪《ようけっち》（前外交部長）が中国外交のトップにいた。

第19期（2017〜2022年）は、王毅が国務委員と外交部長を兼任することになったので、王も副国級に昇進したが、楊は政治局委員に昇格。同じ副国級ではあるが、国務委員より政治局委員のほうが序列が上のため、王毅はいまも外交トップではない。

閣僚級の共産党員は、共産党内部ではトップ200の中央委員を兼任する。中央委員会を構成するのは、日本の省に相当する部の部長（大臣）、庁に相当する委員会の主任（長官）、地方自治体の共産党トップである書記、地方政府のトップ・省長や自治区主席、党直属部門の部長、人民解放軍の中将らだ。

２　長老政治から集団指導体制へ

毛沢東・鄧小平時代との違い

さて、ここからは中華人民共和国建国以来のトップの移り変わりを追っていきたい。毛《もう》沢東《たくとう》、鄧小平《とうしょうへい》、江沢民《こうたくみん》、胡錦濤《こきんとう》、そして習近平。中国のトップは「おおむね」このような変遷をたどってきた。

建国の祖である毛沢東は、肩書がどう変わろうと最高権力者であることは変わらなかった。毛沢東にのみ決定権があり、誤った判断をおこなってもそれを正す術《すべ》がなかった。

毛沢東の死後は、常務委員による集団指導体制が導入された。しかし、長老たちの影響力を排除しなかったため、実際は長老たちの合議による院政によって重要事項が決定され、天安門《てんあんもん》事件（１９８９年）の一因ともなった。

常務委員による集団指導体制が機能したのは、江沢民政権からとなる。その制度づくりをおこなったのが鄧小平だ。

その意味で毛沢東、鄧小平の時代と、江沢民以後の時代ではまったく状況が異なるのだ。そこで本書では現代と共通点が多い江沢民時代以後について詳述する。毛沢東、鄧小平時代については簡単に特徴をあげるにとどめるが、了承されたい。

江沢民時代——上海閥と共青団の登場

それまでの共産党トップだった「主席」は最終決定権を持ち、判断の誤りがあっても正すことがきわめて難しいうえに、個人崇拝《すうはい》につながりやすかった。これを廃止し、1982年に「総書記」のポストが替わって新設された。

1980年代の最高実力者だった鄧小平には、2人の後継者がいた。毛沢東の後を継いだ華国鋒《かこくほう》を失脚させ、1982年に初代総書記に据えた胡耀邦《こようほう》がその1人だ。

胡は有能ではあったが発言が軽かったことから、しだいに長老の不興を招き、学生運動の拡大を防げなかったとして1987年に総書記を解任された。当時総理だったもう1人の後継者、趙紫陽《ちょうしよう》が2代目の総書記に就任した。

後任となった趙も、胡耀邦の死去で再燃した学生の民主化運動に好意的な姿勢を示し、また最終決定権は鄧小平にあるとゴルバチョフに漏らした失言などから、長老たちとのあいだに隙間が生まれ、1989年6月に起きた天安門事件の詰め腹を切らされ、総書記を解任されている。

当時上海市トップの書記だった江沢民《こうたくみん》が第３代の総書記になったのは、アクシデントがいくつも重なった結果だった。鄧小平は自身が指名した後継者の相次ぐ失脚で後継者選定に対しても発言力を失い、保守派長老の陳雲《ちんうん》や李先念《りせんねん》らが推薦したのが江沢民だった。総書記就任の時点で63歳。本人も上海市書記退任後は、母校の上海交通大学で教鞭《きょうべん》をとろうと考えていたと、アメリカ人に書かせた自伝にもある（2005,江沢民伝）。

意外な経緯で中国のトップについた江沢民だが、鄧小平同様の権力を得たわけではない。鄧小平は１９９７年に死去するまで隠然たる権力をふるう院政をしき、集団指導体制を確立させた。

また、江沢民に後継者を指名する権利を与えて、おもねる輩《やから》が出ないよう、１９９２年に鄧小平は江沢民の後継者として胡錦濤《こきんとう》を常務委員に抜擢《ばってき》した。ほかの常務委員が60歳前後なのに対し、胡錦濤は49歳だった。10年後を見据えた人事で、江沢民の次はまず胡錦濤で間違いないとの認識が出来上がった。

制度的に身動きが取れなくなった江だが、手をこまぬいていたわけではない。北京に頼れる人脈がなかったこともあり、上海《シャンハイ》からかつての部下たちを呼び集めた。共産党は派閥を許していないが、江に取り立てられた彼らは後年になって上海閥《ばつ》と呼ばれるようになり、一大勢力を築く。

なお、上海閥という名称ではあるものの、上海で江の部下だった者だけではなく、総書記就任以降に江と近しい関係になった者も含まれる。江沢民グループというほうが正しい呼び方かもしれない。

自民党の総裁選などでは、「●●派や▲▲派が□□氏を支持」とはっきり報じられるが、中国の場合は新聞に上海閥として紹介されることも、彼らが自称することもない。上海閥とはあくまでも日本のマスコミがつけた便宜上の名称だ。中国共産党は建て前上、派閥をつくることを禁止しているためだ。

相次ぐ後継者の失脚で一時期発言権が低下していたが、改革開放路線を確定させた鄧小平によって、江沢民の後継者に指名されたのが前総書記の胡錦濤だった。胡錦濤もまた、世代の先頭を走っていた共産主義青年団（共青団）トップ・王兆国《おうちょうこく》の失脚で、二番手の自身に出番が回ってきたのだ。

共青団は共産党員を目指す、優秀な団員を束ねるユース組織で、組織の幹部にも有能な共産党員が集まった。胡錦濤はここから李克強《りこくきょう》や、令計画《れいけいかく》（元中央弁公庁主任＝官房長官に相当）などを抜擢している。

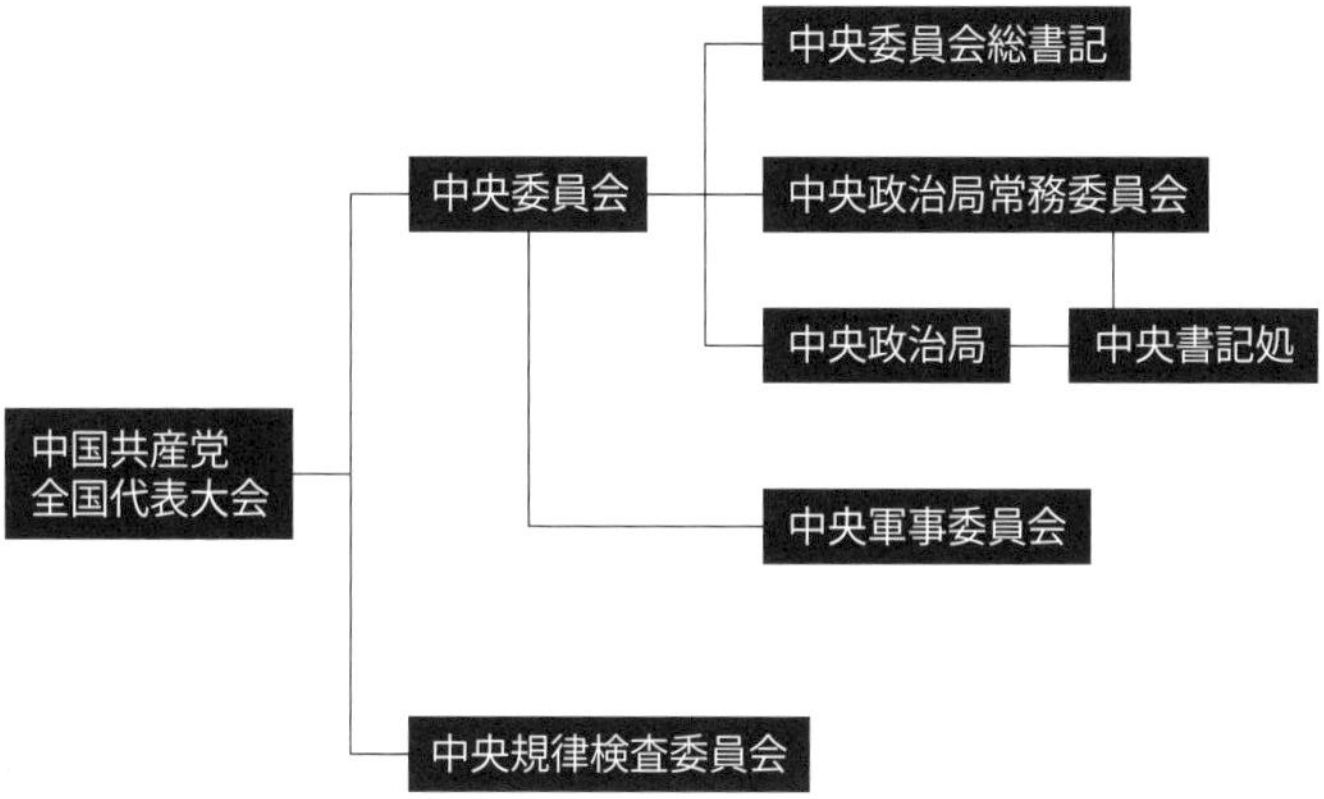

3-3　中国共産党組織図

胡錦濤時代は江沢民の〝院政〟？

鄧小平がしいたレールどおり、江沢民は2002年に総書記の座を降りる。ところが第4代の総書記となった胡錦濤の政権運営は、思うようにいかなかった。党（総書記）と国家（国家主席）のポストは胡錦濤が引き継いだが、人民解放軍の指揮権を持つ中央軍事委員会（中軍委）トップの主席には江沢民が居座りつづけたのだ。

鄧小平は生涯、総書記にも総理にもならなかったが、唯一《ゆいいつ》手放さなかった公式ポストが中国人民解放軍中央軍事委員会主席だ。「革命は銃口から生まれる」との毛沢東の言葉どおり、暴力装置である軍こそが権力の源《みなもと》だからだ。国内外の政治家やメディア、研究者も、鄧が軍事委員会主席のポストを握りつづけていることで、中国の最高権力者の座を守り抜いていると判断した。

江もこれにならい、総書記をゆずっても最高権力者として君臨しつづける道を狙ったのだ。鄧小平の遺訓は権力交替を制度化しようとするものだったが、中央軍事委員会主席のポストをどうするかについては決められていなかった。また、中央軍事委員会主席には定年や3選禁止などの規定もなかった。その抜け道をついた江沢民の策謀といったところか。

さすがに批判も大きく、総書記退任後から2年経過した2004年には中軍委主席からも退き、胡錦濤にゆずったが、代わりに制服組トップの副主席2人に、徐才厚《じょさいこう》、郭伯雄《かくはくゆう》の子飼いを据えた。胡錦濤はこの2人に阻《はば》まれ、ついに影響力を発揮できなかった。

政治局常務委員会は9人中5人を上海閥が占めた。前述のとおり、常務委員会においては胡も常務委員の1人でしかなく、政策や人事案も多数決で反対に遭《あ》った。多数派工作を講じられたことで、鄧小平が描く集団指導体制は実現されなかった。

こうした人事面での優位からか、江が胡錦濤政権も自分の時代の一部だと認識していたエピソードがある。2009年、江は上海市トップ2の兪正声《ゆせいせい》市書記と韓正《かんせい》市長をしたがえて新年会に出席し、そこでこんな詩を吟《ぎん》じた。

〝忽忽光陰二十年，几多甘苦創新天。浦江两岸生巨变，今日同心更向前。〟

（あっという間の20年。多くの苦労が新天地を創り上げた。黄浦江《こうほこう》両岸の光景は一変した。いま、心を一つに合わせてさらに前に向かおう）

この20年の上海の変化を詠《よ》んだものだが、うがった見方をすれば、江が総書記に就任した1989年から20年間を回顧してつくった詩であり、胡錦濤政権はその20年の一部だと言わんとしている……こんな観測が当時流れた。

一線を引退した党員を集めた内輪の会ではなく、上海市主催の公式イベントで、現役党員を前にして怪気炎《かいきえん》をあげたのだ。上海閥の決起集会ともいわれた。当時の地元紙も、東西の横綱よろしく胡錦濤と江沢民を1面に取り上げた。

もっとも、上海閥の天下もいつまでもつづかないと見られていた。江沢民に頭が上がらなかった胡錦濤だが、彼もまた自らの派閥である「団派」を育てていた。団派とは共青団の幹部を経て政界に転出した政治家のこと。1980年代に共青団のトップをつとめていた胡錦濤は古巣で青田買いをつづけ、共青団出身の若手政治家がずらり揃っていた。

有力大学を卒業した実務派官僚が多いこともあって、中国の権力ピラミッドの中で中堅どころは団派ばかりが占めるようになっていったのだ。このまま時が過ぎれば、ポスト胡錦濤政権では団派が上層部の多数派を占めることは確実視されていた。さらに2006年には上海閥のホープである陳良宇《ちんりょうう》・上海市書記（当時）が汚職を理由に失脚した。次世代の芽を潰したことで、団派リードの構図はいっそう確実なものとなった。

その未来を大きくねじ曲げたのが習近平の豪腕だった。

3 習近平への権力集中

一気に駆け上がった紅二代

【習近平の略歴】

１９５３年、副総理など重職を歴任した習仲勲《しゅうちゅうくん》の長男として誕生。１９６６年に文化大革命がはじまると陝西省《せんせいしょう》に下放《かほう》（文化大革命期、10代の青年を思想教育の名目で農村に送り込んだ運動）され、多感な時期をここで過ごす。文化大革命が終結し、失脚していた父が復権を果たすと、父の友人である国防部長の秘書をつとめる。内陸部・河北《かほく》省の県副書記として政界入り。沿岸部で発展が見込まれていた福建省に転出し、アモイ市副市長、福州市書記、省長などを歴任。２００２年に浙江《せっこう》省に転じて書記をつとめる。２００７年に胡錦濤の後継者として常務委員に昇格。2012年11月、第18回党大会で党総書記、中央軍事委員会主席に就任した。2013年3月、全国人民代表大会で国家主席に就任。

習近平が5代目の総書記候補として一躍注目を集めたのは、上海閥の先細りが見えはじめた、胡錦濤政権の折り返し地点に当たる、2007年10月の第17回党大会だった。それまでは大して関心を払われておらず、198人いる中央委員のうちの1人にすぎなかった。少なくとも2007年上半期までは、妻で国民的歌手の彭麗媛《ほうれいえん》のほうが確実に知名度はあった。

同じく中央委員、地方自治体トップの書記ではあったが、胡錦濤が熱心に推している李克強のほうが総書記後継者の最有力候補として挙がっていた。習は3月に浙江省から政治局委員の兼任が慣例となっている上海市に「栄転」したとはいえ、その半年後に中央入りし、総書記の後継者になるとはだれも想像していなかった。

ところが、第17回党大会で、総書記後継者に選ばれたのは習近平だった。胡錦濤が習を「私の後継者だ」と紹介するわけでも、人民日報が習を総書記の後継者だと解説するわけでもない。しかし、習が李より序列上位の常務委員に就任し、兼任する中央書記処書記が総書記修業に必須のポストだったことから、習が5年後に総書記に就任することは明らか

3-4　全国に展開される党員向けアンテナショップ「党員の家」。党員として必要な知識を得ることができる

だった。副総理に就任した李克強と競わせると報じた日本のマスコミもあったが、それは胡錦濤の前例を無視したものだ。

習近平の父・習仲勲は中華人民共和国の建国に貢献した人物で、企業でいえば創業に参加したメンバーに当たる。彼らの子供たちは重役の「ぼっちゃん」「じょうちゃん」たちだ。

文化大革命で両親が批判を受け、連座的に冷遇《れいぐう》されることはあったが、両親の復権後はやはり幹部の子息としての扱いを受け、その後の人生でもさまざまな便宜が図られた。

中国の建国にたずさわった幹部の

2代目は、「紅二代《こうにだい》」と呼ばれる。以前は太子党《たいしとう》と呼ばれていた。太子党はいわゆる二世の意味合いしかないが、「紅二代」は、中国を建国した幹部の子供たちという意味合いが入ってくる。

政治の表舞台に立たないようにとの鄧小平の遺訓もあり、党上層部には紅二代はほとんどいなかった。凄惨《せいさん》な権力闘争で父親を亡くし、政治の世界に子供を出すことを嫌う家庭もあった。習近平は例外中の例外だ。

１９９７年の第15回党大会で、習近平は中央候補委員に当選したが、得票数は１５１人中最下位だった。２００７年に総書記候補として常務委員入りするまで、習は対抗馬どころか名前すら出てこなかった。

企業にたとえれば、こういうことだろう。毛沢東、鄧小平と、創業者がトップをつとめた後、社内から抜擢した幹部（江沢民、胡錦濤）に経営を任せた。会社は鄧小平路線をつづけたこともあり、大きく成長したものの社内の風紀は乱れ、世間の評判は地に落ちた。その共産党の立て直しは、やはり創業者の一族でなくてはならないとの党内力学が働いたのであれば、10年間で３５０人抜きという途方もないスピード出世も理解できなくはない。

反腐敗運動でライバルを撲滅する〝S級手腕〟

習は2012年11月の総書記就任と同時に、「虎もハエも叩く」とのスローガンとともに反腐敗運動を打ち出した。汚職党員摘発《てきはつ》の名の下に、敵対する勢力の一掃に乗り出したのだ。摘発部門たる中央規律検査委員会（中規委）トップの書記には、王岐山《おうきざん》を据えた。就任してまもなく、王と習とは50年来の知己《ちき》であることが明かされている。

かつては指導部メンバーの趣味などが公表されていた時代もあったが、現在はプライベートに関してはまったくといっていいほど秘密にされている。2人の関係が公表されたのは、王は自分の分身であり、反腐敗が本気であるとの姿勢を示すためだろう。

反腐敗運動の初期は、国有石油企業、四川《しせん》省、公安系統など広範にわたる周永康《しゅうえいこう》のキャリアで接点のあった部下たちが主な摘発対象だった。そのため、本丸は周だろうとだれもが予想した。筆者も同じ見方であった。周永康追放のために反腐敗運動を起こしたのだから、周の摘発が完了すれば運動も自然消滅するものと考えていた。

ところが、反腐敗運動は周が無期懲役を求刑されても終わることはなかった。次いで、胡錦濤時代の制服組トップだった徐才厚、郭伯雄を退役後に摘発したのだ。制服組トップを摘発するのも初めてなら、末期ガンで闘病する徐の痩《や》せ衰えた姿を、反腐敗関連報道で放送したのも異例だった。

彼らは昇進させる見返りに多額の現金を受け取っており、解放軍には彼らのおかげで出世した将軍や士官が多数残っていると見られる。そして、ことあるごとに2人の影響力は一掃されていないと強調している。誇張ではなく、軍内に影響力が残っているからこその警戒《けいかい》だ。

2人を摘発した後も、張陽《ちょうよう》や房峰輝《ぼうほうき》ら中央軍事委委員が摘発を受けた。張陽は自宅で取り調べを受けている最中に自殺したのだが、自殺して罪から逃げる態度が劣悪《れつあく》きわまりないと、死してもなお批判を受けた。房峰輝は2009年の建国60周年を記念しておこなわれた軍事パレードで、指揮を任された重要人物だ。

中規委は第18期の5年間で、全地方自治体、共産党中央の直属部門、国務院各省庁、国有企業、北京大や清華《せいか》大など著名な大学など265の組織へ、進駐軍となる巡視組を送り込み、内部に入り込んで調査を進め、問題を洗い出した。

反腐敗で摘発された閣僚級以上は、206人にのぼる。胡錦濤政権の10年間（2002～2012年）で70人なので、6倍以上のペースで摘発が進んだことになる。

摘発を受けたのは閣僚級以上の大物だけではない。「虎もハエも叩く」の宣言どおり、省の下にある市や県、さらにその下の鎮まで中国全土で反腐敗運動が展開された。局長級まで範囲を広げると摘発を受けたのは8600人あまり、司法で裁かれた党員は5万40

00人あまりとなった。

1期目の末期にはポスト習近平候補の1人だった孫政才・重慶《じゅうけい》市書記も摘発した。

反腐敗運動は習近平肝《きも》いりの政治運動だ。腐敗に関する通報は常時受け付けており、問題のある党員や公務員は呼び出され取り調べを受ける。巡視の査察対象となれば、2ヵ月にもわたって職場に多数の査察官が常駐することになる。その重圧から自殺する党員、過酷な取り調べ中に死んでしまう党員もいる。また、査察側が買収されることすらある。

運動開始から6年後の2018年12月、中央政治局会議で「根本的な治療をおこない、反腐敗闘争は圧倒的勝利を得た」と反腐敗運動の成功を宣言しつつも、「反腐敗は永遠に道半ば」と2期目のいまも、ひきつづき展開されている。

その矛先《ほこさき》は習一族や紅二代、習に近い幹部には向かない。法の下の平等をうたってはいるが、現状は反習派の取り締まりでしかない。少なくとも習の任期中は運動がつづくはずだ。

4 長期政権を見据えた人事・体制

武装警察も指揮下に入れ、軍事力を完全掌握

習の権力集約志向に、大きく影響を与えたと思われる事件がある。胡錦濤政権の末期、いずれも常務委員第9位だった周永康が起こした2件の権力乱用だ。

2012年2月、中国南西部に位置する重慶市の王立軍《おうりつぐん》・副市長が、上司で薄熙来《はくきらい》・重慶市書記と仲たがいし、生命の危険を覚えたため四川省成都《せいと》市にある米総領事館に逃げ込んだ。いわゆる薄熙来事件である。薄の妻が起こした殺人事件の処理で薄と対立した王が、殺人事件の証拠を抱えて領事館入りしたのだ。

当時、重慶市長が装甲車に乗り込み、総領事館を包囲したなどキナ臭いうわさも流れた。装甲車や公安（警察）車両の使用許可を出したのが、薄と関係の深かった周永康だったことが事件後に明かされている。装甲車騒ぎは噂《うわさ》ではなかったのだ。

周永康は公安や武装警察の指揮権を持つ中央政法委員会書記だった。武装警察はかつて鄧小平が解放軍の人員削減を唱えた際、退役軍人の受け皿となった組織だ。国内の治安維持などを担い、有事には準軍隊として中央軍事委員会の指揮下に入ると規定されていた。

実際には中央政法委書記が指揮していたが、胡錦濤時代までうまく機能しているように思われた。それまで武装警察が対峙《たいじ》してきたのは「党の敵」だったからだ。

ところが、王自身は「党の敵」には違いなかったが、薄熙来は「党」ではない。周も

「党」ではない。いわば周の私的な目的で武装警察が動かされたことになる。

周が武装警察を私用で使ったのはこれだけではなかった。薄の失脚が確定的となった後の3月19日、拘束された薄の金庫番、徐明《じょめい》を奪還《だっかん》しようと北京市内で武装警察を動かし、胡錦濤が動員した解放軍と一触即発の危機に陥った。

事件当日、微博（ウェイボー。中国版ツイッター）には北京市内を大量の武装車両が埋め尽くし、中南海《ちゅうなんかい》を取り囲んだ、との書き込みが見られた。北京市の中心部にある中南海は、党中央や国務院などの機関があり、指導部の住居も備わっている中国の最重要拠点だ。最終的に双方が手を引いて武力衝突は避けられた。解放軍トップの胡錦濤、そして後継者の習近平にとって、自分の指揮が及ばない武装勢力が国内にいることを否応《いやおう》なしに思い知らされた。

武装警察はもともと中越戦争（１９７９年の中国とベトナム間の戦争）の敗北で軍の近代化が必要と悟った鄧小平が、人員削減をおこなった際に受け皿としてつくられた組織で、設立当初は１００万人といわれていた。現在の正確な数字は不明だが、国防白書で最後に言及された２００６年時点で68万人だ。一方で、人民解放軍は２０１５年の時点で２００万人前後と発表されている。

解放軍と武装警察が敵対することはあり得ない事態だが、北京で両者は衝突寸前に陥った。周が党に対する危険人物であることにはちがいないが、自分と敵対する勢力が中央政法委書記のポストを確保する限り、再演がないとは断言できない。

クーデター騒ぎ以降、周は中央政法委書記のポストから外されることはなかったものの、公式の場に姿を見せることはなくなり、その権限はナンバー2の孟建柱に引き継がれた。武装警察の指揮権は、２０１７年に中央軍事委員会が持つことが正式に決定した。事件から5年を経て、習は中国最大の軍事力を有することとなった。

なお、周永康は収賄《しゅうわい》、職権乱用、国家機密漏洩《ろうえい》で無期懲役、薄熙来は職権乱用と横領で同じく無期懲役の判決を受けた。以後は屈辱《くつじょく》の日々を送っているかといえば……そうではない。

サウスチャイナモーニングポストは、彼らが閣僚級以上専用の泰城監獄という刑務所に収監されていると報じた。浴室が完備された個室に収監され、ホテルで修業を積んだシェフが食事を提供するといわれている。反腐敗で倒された政敵は、案外いい生活を送っているのだ。

習近平の派閥づくり――「之江新軍」

２００７年、総書記後継者に選ばれて以来、習は福建、浙江時代の部下を次々と中央に引き上げた。また、落下傘候補のように地方へ送り出された者もいる。権力を掌握した後にやることはだれも同じ、部下の引き立てによる土台固めだ。

とくに多い浙江時代の部下は「之江新軍《ジーチアンシンジュン》」と呼ばれる。浙江省の機関紙・浙江日報のコラム名にちなんでつけられた。コラムは署名こそ習近平・省書記だが、実際は省の対外イメージを主管する宣伝部長（当時）の陳敏爾《ちんびんじ》が執筆していた。

習2期目となった第19期（2017〜2022年）には、常務委員入りも噂された陳をはじめ、政治局に6人が「入閣」した。中央委員はおろか候補委員でもなかったヒラ党員の蔡奇《さいき》（現北京市書記）が政治局委員へと二段階昇進を果たすなど、かつてない露骨《ろこつ》な「お友達人事」が進んだ。

政治局委員、常務委員は党大会の時点で68歳なら引退、67歳以下なら現役続行という不文律《ふぶんりつ》があるらしい。明確に党規約に記載されているわけではなく、2002年に江沢民が、1934年生まれで当年68歳だった李瑞環《りずいかん》を引退させるためにつくったとされる内規だ。

この内規は2007年の第17回党大会でも、1939年生まれで当年68歳だった江沢民の片腕・曽慶紅《そうけいこう》を引退させるのにも使われている。引退を迫ったのは、5年前に曽慶紅に引退を迫られた李瑞環自身だという。この内規は「七上八下」と呼ばれている。

2017年の第19回党大会では、「七上八下」が崩れるかが焦点《しょうてん》となった。習の盟友で

3–5　習近平の発言内容などがまとめられた『習近平、国政運営を語る』。2014年に第 1 巻、2018 年に第 2 巻が発売。20 以上の言語に翻訳され、各国で販売されている。第 2 巻の発行部数は 1300 万部（2018 年 4 月現在）

１９４８年生まれの王岐山が引っかかるので、引退ラインを引き上げるのではと推測されていた。だが、「七上八下」を変えると、今後敵対する勢力の任期延長を助けてしまうことにもなりかねない。そこで王岐山は常務委員から退任しつつも、ヒラ党員でも就任可能な国家副主席への就任が決まった。

また、王毅外交部長に国務委員を、何立峰国家発展改革委員会（国家発革委）主任に全国政治協商会議（全国政協）副主席を兼任させている。いずれも副国級のポストを兼任することで、65歳で定年とされる閣僚の政治的な寿命を、68歳まで延長させるという荒業《あらわざ》である。

王毅が国務院のポストである国務委員

の兼任をするのはともかく、全国政協副主席は国家発革委の業務となんら接点はない。何立峰を定年いっぱいまで働かせるための措置にほかならない。

同様の措置は第18期からおこなわれている。人民銀行総裁だった周小川《しゅうしょうせん》を続投させるために全国政協副主席を兼任させたのだ。おかげで、周は15年にわたって総裁をつとめ、もっとも任期の長い総裁となった。

一方で、内規に照らせば現役を続行できる67歳以下の政治局委員3人が追い出された。1人は李源潮《りげんちょう》・前国家副主席だ。国家副主席は米国の副大統領に相当するポストで、外交面で国家主席を支える役割が期待されるのだが、任期中から国家副主席らしい仕事をさせてもらえなかった。周永康と同様、かつての秘書が失脚あるいは閑職《かんしょく》に追いやられているため、一時は逮捕も間近と見られていた。無傷で引退できたのは幸せなのかもしれない。

残りの2人は張春賢《ちょうしゅんけん》・前新疆ウイグル自治区書記と劉奇葆《りゅうきほう》・前中央宣伝部長だ。張春賢は任期途中で失政を理由に書記を解任されていた。劉奇葆の場合はナンバー2の黄坤明副部長が習のお気に入りで、大きな失点はないが副部長を昇格させるために宣伝部長から退かされるだろうと見ていた。

とはいえ、2人はまだ64歳なので、政治局委員のまま名誉職の全人代常務委副委員長か、全国政協副主席にスライドさせるのだろうと見ていたが、中央委員に格下げとなった。政治局委員でも中央委員への降格はありうるし、定年前の引退すらありうるという強いメッセージになった。

新たな「習派」形成と「団派」潰し

派閥作りはすべてが順調なわけではない。之江新軍は急激な出世に実力が追いつかず、蔡奇のように失態を重ねているのが目を引く一方、これといった実績は挙げられていない。また60歳以上が多数を占めるため、第20期（２０２２～２０２７年）以降は年齢による画一的な足切りがなくなったとはいえ、続投は難しそうだ。

そこで習が最近抜擢しているのが、航空宇宙工学や解放軍の装備開発、生産などの経歴を持つ実務家の集団だ。現在は地方自治体の書記か省長で経験を積ませている。中央に入るために、地方での経験は欠かせないものとなっているためだ。党内序列は中央委員かその下の候補委員ではあるが、平均年齢は50代なかばで之江新軍より5歳以上若い。

能力もあり、地方自治体での経験がないので地縁に染まることもなく、党への忠誠心が強いという共通点がある。彼らが第20期以降に習を支える一派となるだろう。

共青団への締め付けもはじまった。反腐敗運動の一環で共青団も査察の対象となり、「党の指導が弱体化している」「貴族化、娯楽化している」と非難を浴びた。習近平は共青団の現状を「四肢麻痺《ししまひ》」と厳しく叱責《しっせき》した。2016年から共青団の予算は半分に減額され、指導部の定員も削減されている。

指導部トップの常務書記は閣僚クラスへの転出が慣例となっていたが、2017年まで書記をつとめていた秦宜智《しんぎち》が、次官クラスへの転出となったことで、共青団が終わりの時代を迎えたと報じられた。

じつは、秦は3年ほど共青団にいただけで生え抜きではない。それまでのキャリアでも共青団との縁はない。歴代の書記もほとんどが数年腰を据えていただけなので、彼らを共青団派として線引きをしていいのか判断が難しいが、書記経験者のその後のキャリアがどんどん落ちていっているのは事実だ。

5　一強体制とともに進む個人崇拝

習近平は「党中央の核心」という意味

派閥づくりに加えて、習近平は個人崇拝強調という毛沢東時代への先祖返りのような戦

人民日报
RENMIN RIBAO

胡锦涛习近平等领导同志亲切会见出席党的十八大代表、特邀代表和列席人员并发表重要讲话

习近平任中共中央总书记中央军委主席
党的十八届一中全会产生中央领导机构
习近平同志主持会议并作重要讲话
习近平李克强张德江俞正声刘云山王岐山张高丽任中央政治局常委

人民日报
RENMIN RIBAO

习近平应约同美国总统特朗普通电话

习近平任中共中央总书记中央军委主席
党的十九届一中全会产生中央领导机构
习近平同志主持会议并作重要讲话
习近平李克强栗战书汪洋王沪宁赵乐际韩正任中央政治局常委

3–6　習政権２期目スタート時（2017年10月26日付、右）と１期目発足時（2012年11月16日付）の人民日報の１面

略を打ち出している。

　２期目の開始となる２０１７年10月26日、人民日報は1面の３分の１を割いて、習近平の顔写真を掲載した。５年前の１期目発足時に、習を含めた常務委員７人の顔写真を掲載したのとは大きな違いである。

　新華社、中央テレビと並んで「共産党の喉と舌」、つまり共産党の代弁者とされる人民日報。中国共産党の機関紙であるため、われわれが思う新聞とは異なり、常務委員、政治局委員、その他の副国級がどんな会議に出席し、どんな発言をしたかが掲載される。反腐敗の進行や経済などの現状認識で厳しい見解を示すことはあるものの、共産党指導部の政策はつねに正しいことになっている。発行部数は300万部程度（2017年）。新聞の体裁ではあるが、熱心な共産党員や中国ウォッチャー以外で、まともに読んでいる読者はいないだろう。

このときは、地方都市の党機関紙も追従するように1面に巨大な習の顔写真を掲載した。習近平を特別扱いする動きは第19回党大会の1年前からあった。2016年10月に開催された第18期中央委員会第6回全体会議（第18期6中全会）の公報（会議での決定事項をまとめたもの）に、「習近平同志を核心とする党中央」という表現が使われたのだ。「核心」は毛沢東、鄧小平、江沢民ら、歴代の最高権力者に使われていた呼称だ。

会議の前に、地方の指導者が習は核心であると表現したことが何度もあった。ここまでなら前任の胡錦濤も経験していたが、中央委員会の公報で採用されることで、公式の呼称となったのだ。

もともと「核心」は、鄧小平が江沢民のために用意した呼称だ。天安門事件で指導部が分裂し、趙紫陽の総書記解任が決定的となった。江が後任に就任する1989年6月の第13期中央委員会第4回全体会議（第13期4中全会）を前に、鄧は次期指導部を集め、「共産党指導部には核心が必要」と言い出した。毛沢東を初代の、自身を第2世代の核心と位置づけ、江を次期、すなわち第3世代の核心であると宣言した。

江沢民は当時、政治局委員の１人にすぎず、常務委員や他の政治局委員にも有力者がいた。江の総書記就任に反対する意見もあった。鄧小平は江を毛や自らと同格にすることで、江の就任を半ば正統化したのだ。鄧の発言以前に、毛や鄧を核心と表現した文書や発言は見当たらないし、先に失脚した胡耀邦、趙紫陽にもこの呼称は与えられなかった。

核心は、３人目の後継者である江沢民の失脚をなんとしても避け、指導部をまとめたい鄧小平が、苦慮の末に生み出したのだ。核心がそのための呼称なら、第4世代指導部の総書記、胡錦濤が核心に昇格しないまま任期を終えたのもおかしいことではなかった。

ところが、習近平が総書記就任4年目であっさりと核心に昇格したため、核心は江沢民のための呼称ではなく、時の最高権力者を指すものとなった。それゆえ、胡錦濤の不安が露呈することになった。

党の章程（規約）と党内の法規を定めた『中国共産党紀律処分条例』が２０１８年8月に改正された。改正後の第2条には、習近平への忠誠を誓《ちか》うような記述が大幅に加えられている。

２０１８年に憲法に追加された「習近平による新時代の中国の特色ある社会主義思想（習近平思想）」には、江沢民の〝3つの代表〟理論、胡錦濤が提唱した「科学的発展観」が入れ込むことができなかった個人名が冠されていた。また、「思想」という表現は、「理論」止まりだった鄧小平（鄧小平理論）を超えて毛沢東（毛沢東思想）に肩を並べる地位を示すと評価されている。

習近平は共産党の核心として、毛沢東に並ぶ存在となった。

100キロの麦を担ぐスーパーマン神話

個人崇拝はさまざまな習近平神話を生み出している。

1966年からはじまった文化大革命で、都市部の学生は農民から学習せよとの命令が出されると、当時10代だった習も例外ではなく、陝西省の農村部に送り込まれた。

農作業の経験もなく、役に立たない学生たちが大勢を占めるなか、習は「100キログラムの麦を、担ぐ肩も変えず5キロメートルの山道を担いで歩いた」と、当時を振り返る。よっぽど鍛えた人間でなければ、担いだその場所から一歩も動けないはずだ。

政治家のスタートだった河北省のある県書記の頃、胡耀邦総書記（当時）は、「長期的な戦略眼を持っている」「国家の柱石《ちゅうせき》を担う逸材だ」と習を高く評価したことが公表された。胡耀邦個人の判断ではなく、当時の党中央指導部や、人事を握る中央組織部の共通認識だった。

2002年に福建省長だった習は、晋江《しんこう》市の発展を総括した。それを「晋江経験」と呼び、今日までの発展が総括によるものだと宣伝された。晋江の発展で取り上げられた内容はそのほとんどが２０１０年以降だが、９年越しで発展が加速したということだろう。

もちろん、習が文武両道の超人ではなく、平凡な能力の政治家であることはだれもがわかっている。習は建国後に生まれ下放されているが、このような経歴を持つ中国人はたくさんおり、毛沢東のように神秘めいたものがない。現代生まれで経歴がはっきりとしているからだ。

神話をこしらえなければ権威を確立できない裏返しであり、総書記の後継者となるまで目立たなかった政治家人生を、少しでも飾ろうとする涙ぐましい努力である。

こんなミエミエの神話ではないが、公式情報をつきあわせれば読み解けるものだってある。たとえば、習近平が福建省長在任中に法学博士号を取得した件だ。

法学博士であることは本人の経歴に記載されている。当時の清華大学トップだった陳希が、この10年で超スピード出世をして現在政治局委員であることも、正式な人事異動情報で確認できる。冷静に考えれば、博士課程のあいだ休職していたのならともかく、激務をこなしながら学位取得時の専攻とは異なる法学の博士号を取得することなど、まずあり得ない。

習近平の父も神格化

本人ばかりか、父親の習仲勲も持ち上げられるようになった。中国の内戦期に習仲勲が地盤としていたのが陝西省だ。通常であれば北京市西部にある高級幹部専用の墓地・八宝山に墓が用意されるところだが、故郷に埋葬《まいそう》してほしいとの遺言から、遺灰は陝西省に戻すことが許可された。習近平が総書記後継者として確定すると、陝西省は習仲勲の墓地、旧家の建設に着手している。

出来上がったのは26・6平方キロメートルにもおよぶ陵園だった、と香港紙はうれしそうに報じている。が、面積を公表していないとはいえ、神奈川県海老名市とほぼ同じ面積を持つ墓というのはさすがに何かの間違いだろう。グーグルマップで確認しても、せいぜい500メートル四方だ。こういうところが香港紙は怖い。

この陵園の建設が着工された当時の陝西省トップは趙楽際《ちょうらくさい》である。趙楽際は陝西省生まれだが、30年近いキャリアのほとんどは陝西省よりさらに西部の青海省《せいかい》で積んだ。習近平が上海市書記に就任すると同時に、陝西省書記に就任している。

青海省でも陝西省でもたいした評判は聞かれなかったが、第18期では人事をつかさどる組織部長に就任し、習近平に近い人物を片っ端から引き上げる手助けをしている。趙の祖父が習仲勲の戦友で、かねてから親密だとの説もあったが、これは事実ではなく、単に意のままに操りやすい人物なのだろう。第19期では、前述のように常務委員に昇格しているが、前任の王岐山と比べると目立つ動きがない。

個人崇拝の観点から、このような大規模な施設建設はたいてい反対の憂き目に遭《あ》っている。有名なのが華国鋒《かこくほう》だ。華国鋒は毛沢東から鄧小平へと権力が移行する過渡期に、一時期党主席（現総書記）をつとめたが、死後は習仲勲と同様に地元の山西省での陵園建設が許可された。出来上がった陵園は４２６０平方メートル。近代中国の国父に位置づけられている孫文《そんぶん》の陵園を模したつくりだったことと、在任時の評価が分かれるような人物が、21世紀にもなって歴代の皇帝のような墓を持つのは個人崇拝を助長するだけだということで、批判を受けている。習仲勲の陵園建設時、建設後には聞かれなかった批判である。

6　独裁体制はどこまでつづくか？

ニュースで肉声が流れる党幹部は習近平だけ

胡錦濤は常務委員会においては常務委員の１人でしかなかった。序列第１位ではあるが、飛び抜けた扱いをされることもなかった。習近平は、「核心」の称号を得ると、それにふさわしい権威づくりをはじめている。

2015年から、全人代常務委員会、国務院、全国政治協商会議が政治局常務委員会に毎年業務報告をおこなうことが定められた。いずれも常務委員がトップをつとめる組織だ。また、2018年からは、政治局委員、常務委員が党中央と総書記に書面で業務を報告する制度も追加された。業務報告は胡錦濤時代まではなかった制度だ。報告先には常務委員会、党中央とあるものの、どちらの報告においてもコメントを出せるのは習近平だけで、事実上習近平への報告となる。

常務委員は序列こそあるものの、これまでは同等の関係にあったが、報告が制度化されることになり、習近平とその他の常務委員に従属関係が生まれたことになる。

この中に王岐山は含まれない。王岐山はヒラ党員で政治局委員、政治局常務委員ではないからだ。

政治局委員に対する締め付けはこれだけではない。年末に民主生活会なる集まりを開いて、自己批判や他者批判をさせるようになったのだ。通常の民主生活会は主催するトップも批判の対象だが、なぜか政治局委員たちは習近平には矛先を向けず、ただただ習近平の講評を拝聴するばかりだ。そして口々に習近平への忠誠を誓わされる。

3−7　習近平政権が提唱する「社会主義核心価値観」が書かれたポスター。同様の横断幕やチョーク書きの掲示板などは全国にある

報道にも差をつけるようになった。共産党機関紙の人民日報と並んで、共産党の主張を伝えるニュース番組がある。毎日午後7時から、中国中央テレビで通常30分間放送される「新聞聯播《シンウエンリエンポー》」だ。ニュース番組ではあるが、ほとんどは常務委員の動向を伝えるのに時間を割かれる。

第19期からは肉声を使われるのは基本的に習近平だけとなった。万雷《ばんらい》の拍手で迎えられるところからはじまり、出席者と親しげに握手したり手を振ったりといった様子を丁寧に伝えるため、1つのトピックで10分を超えることも珍しくない。当日のトップニュースを他人に明け渡さないためか、2~3日前の発言に対する「党員や民衆の反応」と称したトピックがトップニュースにくる日もある。

一方、他の常務委員は1つのトピックが3分以内に制限され、肉声もなくなり、アナウンサーが映像に合わせて発言の要約を読み上げるスタイルとなった。政治局委員単独の動向は映像すらなくなり、アナウンサーの読み上げだけとなった。写真の扱いも徹底しており、新華社や人民日報の記事には使用されない。

2035年まで君臨の可能性も

2018年3月に、国家主席の3選禁止を憲法から削除したことで習の3期目続投もささやかれるようになった。しかし、国家主席自体に権限はなく、国家元首ポストを兼任することで、総書記はイギリスの国王やアメリカの大統領と同格になるあたりにしか利点は見出せない。

習の長期政権がささやかれる最大の要因は、後継者を指名しなかった点にある。

胡錦濤も習近平も、総書記になる前に中央書記処書記を担当し、ここでいわば帝王学を学んだ。中央書記処は常務委員会の決定事項を共産党の関係部門へ指示する党務を主管する機関で、胡錦濤は49歳、習近平は54歳でトップの書記に就いた。

第19期の書記は第19回党大会（2017年10月）の時点で62歳の王滬寧《おうこねい》だ。習より3歳年下では後継者にはなり得ない。

王だけではなく、政治局常務委員は全員が60歳以上だ。前述の陳敏爾か、次世代のエースと目《もく》される胡春華《こしゅんか》、もしくは別の50代前半の人物を中央書記処常務書記に抜擢していれば、２０２２年で習は公職から引退するサインとなった。ところが後継者の抜擢はおこなわれなかった。

陳敏爾か胡春華が足踏みしたのだと好意的に考えても、２０２２年の第20回党大会で62歳と59歳。総書記就任はさらにその5年後だから67歳と64歳なので、この２人もまず後継者にはなり得ないと考えるのが妥当《だとう》だ。

となれば、３期どころか、まさかの4期連続で総書記に居座る可能性も現実味を帯びてくる。２０２７年まで総書記の座にいるとすれば74歳。亡くなるまでトップの座に居座りつづけた、毛沢東以来の長期政権となる。

総書記と中央軍事委員会主席に3選禁止の規定はない。総書記は「常務委員から必ず選出されなければならない」と党規約にはあるが、中央軍事委員会主席にはないのだから、総書記は他人に譲って鄧小平や江沢民のようにヒラ党員となっても、制度上は軍のポストには居座ることはできる。

習近平は総書記に就任した第18回党大会で、「２つの１００年」なる目標を提起した。

1つは中国共産党が設立100年を迎える2021年までに、国内総生産と都市・農村部住民の所得を2010年比で倍増させること。もう1つは、中華人民共和国建国100年を迎える2049年までに、富強・民主・文明・調和をかなえた社会主義現代化国家の建設を2段階に分けて達成するというものである。

96歳となる2049年はさすがに無理としても、中期目標である2035年の社会主義現代化実現の時点では82歳。96歳に比べれば具体的な年齢に見えてくるのだ。

第4章

中国のＩＴは本当にＳ級か

山谷剛史

1 「すごい中国IT」の実態は？

一変した中国のIT評価

「アジアITジャーナリスト」である私は、2002年から中国に住み、IT（情報技術）やガジェットについてリサーチと執筆をつづけている。中国の地方都市で暮らし、フィールドワークに強い……というと、なんだか響きはいいが、要は日々街を散策して、製品を自腹で購入しては記事を書くという生活をつづけている。

だれも知らない新製品、奇抜なアイテムを体当たりでレビューしているだけあって、トホホな代物に出会うことも多い。ひどい粗悪品にがっかりしたり、逆に想像を裏切られる高性能品に喜んだりする日々だ。

第4章では中国・地方都市の住民視点で中国製品がいつからよくなったかを考察する。

従来、日本のメディアで紹介される中国のITといえば、「ニセモノ・海賊品」という切り口が定番だ。実際、私の周囲にあるのもB級品ばかりだった。米粒ほどの小さいイヤフォンや、消しゴムの形をした無線機付きディスプレイの「ハイテク・カンニングマシン」といった、笑えるようなＢ級ネタばかりが注目されていた。

ところが気がつくと、日本で「中国製はすごい。先進国だ！」といわれているではないか。最初は冗談かと思ったが、日本のメディアに「中国すごい」を連呼する記事があふれかえるようになった。

中国製品の品質が向上しているのは当然だ。経済成長がつづき、人々の暮らしは豊かになって、前よりも高品質のものが売れるようになった。そうした変化は中国で暮らしている私も実感している。ただし、いまだにＢ級なものもいたるところに転がっているし、大手企業の最新の肝《きも》いり製品にすらＢ級要素は含まれている。

「中国のすごいＩＴ」、つまり「Ｓ級ＩＴ」はいつ頃から日本で話題になったのだろうか。私は２０１７年が転換点だったとにらんでいる。

この時期に初めて中国に行った人が、子供から老人まで利用する「スマートフォンの普及率の高さ」や、日本も学んだ「スマートフォンのカメラを使ったＱＲコードによる電子決済」や、道ばたに無数に置かれたスマートフォンとＱＲコードと電子決済で借りられる「シェアサイクル」などを見て、日本にはないサービスやプロダクトに驚き、「中国は進んでいる」と書き立てたのだ。

そうした記事を見て自分の目で確かめようとした人々も、中国のS級な部分ばかりをウォッチする。こうして雪だるま式にS級中国のイメージが広がっていった。

知られざるS級IT、B級IT

しかし、そうしたサービスがなぜ中国で生まれたのか、どういう発展を遂げたのかという知識が一切ないままイメージだけがふくらんでいる状況は正しい現状理解とはいえない。実際にはS級として紹介されているサービスでも不便なものもあるし、B級な部分もたくさん残っているのだ。

また、中国をちょっと旅行しただけでは目につかない部分に、本当のS級がごろごろ転がっていることも多い。たとえば、日本よりももっと利用が活発なオンラインショッピングを例にとってみよう。外部からは見えないが、そこには商戦日に何億人がアクセスしてもダウンしないサイトを運用するネットインフラ（クラウドコンピューティング）があり、毎年増える小包の配送に対応するため、ロボットが動き回る自動無人倉庫や効率的にトラックや倉庫に小包を分配するスマート物流システムができている。さらに、ドローンや無人走行車による配送も実用化に向けた試験が進んでいる。

こうしたS級のテクノロジーはあまり紹介されないし、紹介されなければ日本の人々に

4-1　いまも残る粗悪なＢ級製品

届きにくく、関心が持たれにくい。

反面、「すごい中国ＩＴ」の裏には変わらない「Ｂ級な面」が隠れていることも多い。しかし日本のメディアでは、そうした面は取り上げられにくいのが実情だ。

中国のシェアサイクルを好意的に紹介する記事では、シェアサイクルのダメな面はフォーカスされにくい。シェアサイクルが雑に扱われて、ゴミの山になっていたり川に投げ捨てられているというＢ級ニュースは紹介されるが、それはシェアサイクルのＢ級面の一部にすぎない。

実際に乗ってみるとわかるが、中国のシェアサイクルはサービスがスタートして1〜2年経つと、ガタがきて故障品ばかりとなっていた。私が日本に進出した中国企業のシェアサイクルに乗ったところ、ママチャリに乗った主婦や学生に次々と抜かされた。日本の自転車のほうが軽くてスピードも速い。なぜこんな性能の低いシェアサイクルに乗っているのだろうと悲しくなったものだ。最先端に見えても、品質はB級のままのものがほかにも多々ある。

なにかと誤解が多い中国の現状について、どういうB級製品があったのか、それがどう変わっていったのか。そしていまでも残っているB級とはなにかを解説するのが本章の目的だ。中国でどのような変化が起きたかをS級とB級の両面から理解することは、元気がない日本を変えるためのヒントを得ることにもつながるだろう。

2 かつてあふれていたB級IT製品たち

百花繚乱のニセ製品——ニセファミコン、ニセPSP、ニセアイフォーン

日本人がモノづくり気質なら、中国人は商売人気質だ。中国人はITでいかに金を稼ぐ

かを、日本人は製品の質や細部にこだわることの大事さを、メディアや実生活を通じてそれぞれ刷り込まれていく。中国人は買ってもらえそうなものを節操なくさっと作ってさっと売る。だからＢ級ＩＴ製品が電脳（中国語でコンピュータのこと）街や日用品市場にあふれかえっていたし、一部は日本の秋葉原の店で売られていた。

日本にも伝わった有名どころでは、ゲーム機のファミコンに似せた「ニセファミコン」や、任天堂のＷｉｉ《ウィー》に似た「威力棒Ｖｉｉ」、アイポッドに似たｍｐ３プレーヤーや、アイフォーンに似たアンドロイド搭載スマートフォンなどがある。ほかにもプレイステーションやプレイステーションポータブル（ＰＳＰ）に似せたファミコンも遊べるゲーム機や、アイマックにそっくりなウィンドウズパソコンなどがある。いずれも中国国内外の人気製品にあやかって作ったものだ。

このなかで、中国で国民的人気を誇ったのはニセファミコンだろう。さすがに都市部に住むいまどきの若者がファミコンで遊ぶことはもうないが、農村ともなれば、いまだにファミコンが売られていて、それなりに普及している可能性がある。

中国でパソコンが普及する２０００年以前には、広く家庭にニセファミコンが普及していて、日本文化の伝播《でんぱ》に一役買った。ファミコンやプレイステーションにそっくりな製品だけでなく、本体がキーボード型で文字入力の練習もできる製品もよく売られていた。

ニセファミコンのほとんどは本家同様にカセットを挿して遊ぶタイプで、製品に同梱されているカセットには数十本から数百本ものゲームが入っている。だが、そのゲームというのが「マリオの1面だけ」といった、本来のゲームを分割して本数を水増ししたものであった。私も触ったことがあるが、ボタンを押す感覚がおかしく、なんとも遊びにくいコントローラーだった記憶がある。

次に登場したニセPSPも、その見た目とは対照的にファミコンのゲームデータが入っている、いわばポータブルファミコンだった。これもそれなりに売れたと思われるが、品質はお世辞にもいいとはいえないB級製品であった。

威力棒Viiは、リモコンを振って遊ぶというコンセプトは本家の製品と変わらないものの、中国メーカーが自力で作ったゲームがまったく遊べる出来ではなく、B級ファンの外国人を喜ばせる程度のモノでしかなかった。

音楽データを再生するmp3プレーヤーは、構造が複雑でなく組み立ても簡単だったこともあり、それなりに使えた。アイポッドに似せたもののほか、どこかで見たキャラクターを勝手に拝借したものなど、有《う》象《ぞう》無《む》象《ぞう》の製品が登場した。

さらに、さまざまなデザインの携帯電話が登場したが、とりわけニセアイフォーンは注目を集めた。本家アイフォーンの新機種が発売されるやいなや、ニセアイフォーンが登場したのだ。画面の見た目もアイフォーンそっくりだが、じつはまったく別のＯＳであるアンドロイドで動作している。新しいアイデアが詰まった新しいアイフォーンのニセモノを、本家登場から間をおかず発売した行為は、むしろ偽物作りのある種の職人魂すら感じさせる。

もっとも歴代のニセアイフォーンは非実用的で、使えるレベルではなかった。ちなみになんだかわからない会社が出しているニセモノケータイや、デジタル製品は「山寨機《シャンジャイジ》」と呼ばれている。

幻の中国産規格「ＥＶＤ」

ニセモノ以外にもトホホなＢ級製品があった。一例としてＥＶＤを紹介したい。ＤＶＤに似た名前なのは、これがＤＶＤの次世代規格であるブルーレイディスクの対抗馬として登場した規格だからだ。ＥＶＤはＤＶＤより高画質ながら、ディスクはＤＶＤと同じで容量は一切増えていない。さすがに中国の消費者も欲しがらなかった。それでもＥＶＤは、ブルーレイを（一方的に）ライバルと見なしている。

中国が独自規格の製品を出していこうとする流れのなかでＥＶＤは登場した。その発表会では中国の著名企業が顔を揃え、あたかも中国市場を席巻《せっけん》せんばかりに大々的に報じら

4-2　B級中国を代表するEVDはいまも名前だけは生き残る

れた。日本のメディアも素直に脅威《きょうい》だと紹介した。ところが発表会に参加したほとんどの企業は製品を出すといって出さずじまいで、ブルーレイのようなＥＶＤ専用タイトルはほぼ発売されることはなかった。

　数あるＢ級ＩＴ製品のほんの一部を振り返ってみた。これらのＢ級ＩＴ製品に共通する特徴とは何かと考えると、見た目がモノマネで安っぽいことと、ちょっと使えば気づく欠点だらけであることが挙げられる。

　私が購入した欠点だらけの残念な製品は、「インターネットにつないで無数の電子辞書が使えるが、逆にネットがないと辞書が利用できない本末転倒なネット専用電子辞書」「リモコンだけではすべての機能が利用できないスマートテレビ」「キュートな見た目で大容量の画像データが再生できるが、ちょっとの振動で倒れてしまうデジタルフォトスタンド」など数知れず。

品質が悪いのに「中国製品を支持しよう！」と愛国心に訴える製品や、ホームページで製品紹介よりも愛国をアピールするなど、そもそもがズレているメーカーもあった。

昔もいまも基本は「組み立て・加工」品

中国のＢ級ＩＴ製品も、いまの華為技術（ファーウェイ）のスマートフォンをはじめとする世界に認められたＳ級製品も、基本的に部品をかき集め、組み立てたうえで、「多機能」を目指しているのが特徴だ。

つまり昔から中国製品は、画像が見られ、音楽も聴けて、映像も見られて、文章も読めて、ゲームもできるようにデザインされていたのだ。

昔の製品には、最初から何百、何千の映像やゲームなどのコンテンツが入ったものもあった。昔もいまも製品思想は一貫しているにもかかわらず、昔はひどい製品ばかりの一方で、いまはひどい製品が減ってきている。

その理由はなんだろうか。中国産Ｂ級製品とＳ級製品の差はスペックである。もし中国メーカーが出しているスマートフォンが、もっさりした遅い動きで、ディスプレイやカメラに安い部品を採用し、ふだんの画面や撮った写真がきれいでない製品ばかりであれば、いまも中国は三流製品ばかり出しているといわれていただろう。

現に、2018年に売られた製品でも、安い部品を組み合わせたものは昔と変わらずB級な品質だ。

B級製品とS級製品の差は説明書にも表れている。「製品合格証」「修理センター一覧」「使用上の注意」の紙は昔から添付されているが、肝心の説明書（製品でできることについてきちんと具体的に書かれた説明書）は、2010年代に入るまでついぞ見たことがなかった。

いまのS級製品には当然、わかりやすい説明書が添付されている。

かつてのB級製品には、老人や子供向けの初心者用製品なのに、「CPUは何とかという型番でクロックはどれくらい」「メモリーはこれくらい」と、スペックだけが詳細が書かれている独りよがりな説明書もどきが入っていたり、多機能のはずなのに紙1枚の説明書しかなく、試行錯誤しても何ができるのか、一部しかわからないものもあった。

3 アンドロイドが中国のモノづくりを変えた

「自国製品はB級」の認識を変えた2つの政策

「メイドインチャイナ」は品質が悪い。そう思っていたのは日本人だけではない。当の中国人自身が中国製品を信用していなかった。外国メーカーの製品のほうが、中国メーカーの製品よりはいいと考えていたわけだ。

しかし外国メーカーの製品だったら信じられるかというと、これもまた中国人は警戒《けいかい》していた。中国人のあいだでは「メーカーは一流製品を日本へ、二流製品を欧米へ、三流製品を中国へ出荷する」といった噂《うわさ》が信じられていた。中国に流通する製品は、外国メーカーの製品だろうと中国メーカーの製品だろうと、ろくでもないB級製品ばかりだと考えられていた。

たとえば東芝の電子レンジでも、中国工場で組み立てたものよりも、日本工場で組み立てたもの、日本の売り場で売られていたもののほうが品質が高いと信じられていた。いまでもそうした海外信奉が消えたわけではない。海外旅行の際に、中国でも売られている品を大量に購入するのには、自国よりも外国のほうが信じられるという事情があるのだ。

現在日本に進出している中国家電最大手の海爾集団（ハイアール）や、中国パソコン最大手の聯想集団（レノボ）ですら中国人は信じなかった。彼らはダメな製品をつかまないために、「ラインナップの中でいちばん安い製品は買わない」といった自衛策を講じていたほどだ。

だが、当時から中国メーカーの製品を自腹で収集していた私は、「中国製品のなかには噂ほどひどくないものも多い」と感じていた。中国人は口コミで失敗経験をシェアしているのだが、悪い事例ばかりが強調して伝えられる。「意外と悪くない」という書き込みなど、だれも読まないだろうから当然かもしれないが。

「自国製品はすべてB級」という中国人の認識をくつがえす契機となったのが、2009年におこなわれた中国版エコポイントといえる「家電下郷《ジャーディエンシャーシャン》」と「以旧換新《イージョーホワンシン》」という2つの政策だった。

「家電下郷」とは、貧しい農村部で実施された政策で、認定を受けた家電製品を購入する際に補助金を支給する。「以旧換新」は都市部で実施された政策で、家電や車の買い換えに補助金を支給する。とくに都市部向けの「以旧換新」政策は、多くの都市部の人々を中国メーカーの液晶テレビ購入に踏み切らせた。

ハイアールや創維数碼（スカイワース）などの中国の地場メーカーは、「以旧換新」という大義《たいぎ》名分《めいぶん》のもと、中国全土の都市で液晶テレビを安く買えるキャンペーンを展開した。政府認定の対象製品だけでなく、対象外製品も含めて売りまくろうとしたのだ。使用済みの旧型テレビを持っていくと、新しい薄型テレビが安く買える特設ブースが、繁華街を中心に多数設けられた。特設ブースには大きなブラウン管テレビの山ができた。

「家電下郷」「以旧換新」はリーマンショックで落ち込んだ消費を喚起《かんき》するための政策だったのだが、思わぬ副産物を生んだ。多くの中国人が実際に製品を所有することで、「中国メーカーは噂ほどひどくない」と気づいたのだった。ポジティブな口コミも広がり、中国メーカーへの抵抗感は一気に薄れていった。

シャオミが放ったＳ級スマホの革命

同様にスマートフォンでも、中国メーカー製品が普及するきっかけがあった。中国の携帯電話は、いわゆるＳＩＭフリーと呼ばれる形態が一般的だった。普通の家電のように端末を購入し、それに携帯電話キャリアと契約したＳＩＭカードを入れて使う。この方式では購入時に端末代を一括で支払わなければならない。高機能なスマートフォンは価格が高いため、なかなか手が出ないわけだ。

　2012年頃からはじまった新しい販売手法が状況を変えた。携帯電話キャリアが主導して、長期契約と引き換えに、安価に端末を購入できる方式を導入した。日本の携帯端末代を分割払いする方式と似たようなものだ。新方式導入にあたり、中国全土で広告キャンペーンが展開され、その露出量で市民にスマートフォンがお得に買えることを認知させたのである。

　このキャンペーンでは、ファーウェイやレノボなどの中国メーカー製スマートフォンが1000元（1万6000円）程度で販売された。これは当時としては低価格であり、人々は中国メーカー製のスマートフォンを手に取るようになった。そして薄型テレビと同様にポジティブな口コミにより、中国メーカー製スマートフォンを買う人が増えていき、中国メーカーは中国市場から外国メーカーを駆逐《くちく》していった。

　さらに、新興スマートフォンメーカーの小米（シャオミ）が革命を起こした。開発段階で購入できる性能のよい部品を大量に仕入れ、委託生産（OEM）による大量生産でコストを下げた。まずはマニアが買い、マニア以外へと購入者層は広がっていった。

　ニセファミコンもそうだが、それまでは各メーカーが「下手な鉄砲も数撃ちゃ当たる」の論理でさまざまなデザインの機種を出していた。だが、シャオミは発売を数機種にしぼり、代わりに大量に部品を発注してコストを削減した。

その結果、シャオミのスマートフォンは、中国国内外の同性能のスマートフォンよりも大幅に安くなった。このコストパフォーマンスは日本人を含め外国人をもうならせた。またシャオミは製品だけでなく、説明書やウェブサイトまでもアイフォーンに似せて作ったので、真似《まね》ではあったがデザインも悪くなかった。説明書も製品もシンプルでわかりやすかった。本体のＯＳはアンドロイドだったので、意欲的に大胆かつ頻繁《ひんぱん》なアップデートをおこないやすく、画面などもソフトウェアを改良して使いやすくなっていった。

4-3　Ｂ級からＳ級への革命を起こしたシャオミのスマホ

このシャオミの製品を、パッケージや説明書を含め、ほかの中国メーカーは模倣《もほう》した。

モノづくりがいいといわれる日本は、最初から完璧《かんぺき》な製品を完成させてから市場での販売をはじめる。アンドロイドとシャオミが登場するまでは、こうした日本的なモノづくりが世界でも評価されていたのではないかと思う。

だが、シャオミというS級企業・製品の登場と、アンドロイドという更新前提のシステムのおかげで、中国のハードウェアは化けた。最初は完璧でなくとも、販売後の修正を通じて市場に評価される製品が生み出されていったのである。

加えて、シャオミの後期製品をはじめ、壊れやすいといわれていた中国製品が壊れにくくなった。その理由はどこにあるのか。

モノがちゃんと売れるようになり、メーカーはブランドとして認められるようになった。そうすると品質が重視される。OEMによる委託生産先は品質向上に努めた。結果、多くのメーカーから生産を委託されて、ノウハウの蓄積も進んだ。こうして品質が向上したのである。

さらに、これまでは海外メーカーの部品を寄せ集めただけだったのだが、商品が売れることによって独自開発をつづける余力が生まれた。業界最大手のファーウェイは独自のスマートフォン用チップ「キリン」を開発した。大手スマートフォンメーカーのOPPO（オッポ）は、カメラ用チップをソニーと共同開発するようになった。海外メーカーの部品を寄せ集めただけだった時代を脱し、独自の製品が作れるようになったわけだ。

安いわりにほどほど使えるから売れる。
←売れて資金的に余力ができ、品質を上げられる。
←品質が上がり、さらに売れる。

こうして中国スマートフォンは一歩一歩、Ｂ級から脱してＳ級へと進んでいった。

アンドロイドのおかげでS級製品が拡大

日本人のＩＴウォッチャーに中国製品がＢ級からＳ級へと変わったと認知されるようになったきっかけは、アンドロイドだ。中国のスマートフォンは、グーグルが開発しているオープンソースのモバイルＯＳであるアンドロイドを採用している。画面の表示を日本語や英語にできるため、日本のガジェットマニアが中国メーカー製スマートフォンを購入し、その評価を趣味仲間に伝えるようになったのだ。

アンドロイドはまた、中国製品がＢ級からＳ級に化ける大きなターニングポイントになった。

　後からソフトに手を加えることができるアンドロイドによって、出荷後でもスマートフォンのOSやアプリを修正したり機能を加えたりすることが容易になった。

　さらに、アンドロイドがスマートフォンだけでなく、スマートテレビやカーナビ、ゲーム機、街の広告用大型ディスプレイ、バーコードリーダー、カラオケショップの選曲機械など、さまざまな製品に搭載されるようになった。すると、スマートフォン以外の製品もS級クオリティへと変わっていった。ソフト面が原因の低品質な中国製品は、アンドロイドが登場してから、目に見えて減っている。

　中国は言論の自由を求めるグーグルと敵対している。そのため中国からはグーグルのサイトにアクセスできないし、中国メーカー製スマートフォンにはグーグルマップやグーグ

4-4　スタイリッシュなシャオミのショップ

ルプレイをはじめとするグーグルのアプリは存在しない。

しかし、モノづくりの面では、グーグルは中国に対し多大な影響力を発揮しているといえるだろう。アンドロイドというＯＳが、後から修正していくという製造方法にフィットし、中国ＩＴ製品を大きく変えている。

それでもまだたくさんあるＢ級製品

いまや中国のスマートフォンやスマートテレビは世界に通じるＳ級製品となり、世界市場でシェアをとっている。ネット上で支援者から資金や協力を集める「クラウドファンディング」で誕生した意欲的な製品も出てきている。

とはいえ、中国のＩＴ製品がなんでも性能がよくなったかというと、そうでもない。デザイン的には目を見張るものが２０１５年頃から目立って増えてきているが、使いはじめたらあっという間に壊れた製品を私は何度もつかまされた。

音声で家電やネット操作などができるスマートスピーカーは、ある日突然うんともすんともいわなくなったが、これはほんの一例だ。スマートスピーカーはまだまだ生産台数が少ないため、品質は上がっていない。メディアなどの華々しい報道とは裏腹に、あっという間に寿命がきてしまう。そんなところは昔と変わらない。

4-5　シェアサイクルはB級を残しながら街の景色を一変した

ＩＴ製品の大量生産といえば、スマートフォンでその場で簡単にレンタルできるシェアサイクルは外せない。巨額の融資を受けて、中国全土の都市内ならどこでも見かけるほどシェアサイクルは普及した。

トラックやバスなどに自転車を載せて運び、歩道に次々と置いていく投下作戦でユーザーは拡大したが、設置される数が多すぎて歩行者のさまたげとなり、シェアサイクルのゴミの山ができて社会問題にもなった。

とくにサービス開始の頃は、街中に置かれた自転車は故障品ばかりで、問題のないものを探すほうが難しかった。大量生産されるからといって、品質がよいものになるわけではないようだ。巨額融資を受けたこと、大量に作って普及した点は「Ｓ級中国」だが、長持ちしない品質や管理不十分な状況は、スケールアップした「Ｂ級中国」のままだ。

スマートフォンがＳ級化する一方で、シェアサイクルなどがＳ級化されないことを考えれば、何でも最初からＳ級製品になるわけではなく、試行錯誤しながら生産経験を積んだ製品こそがＳ級となりうるといえるだろう。

4　海賊版天国からコンテンツ大国へ

書籍、音楽、動画の海賊版天国だったＢ級中国

中国というと「海賊版」を連想する人はいまも多い。たしかに２０１０年頃まで海賊版が氾濫《はんらん》し、Ｂ級中国を体現していたといえる。だがいま、かつての「海賊版天国」のイメージとはかなり異なる状況に変化している。変化をもたらしたのは政策の転換と、スマートフォンの登場だ。

もちろんインターネット以前にも、海賊版ＣＤ、海賊版ビデオＣＤやＤＶＤ、ひどい印刷品質の海賊本が堂々と出回っていた。

その後インターネットが普及しはじめると、中国のネット空間には海賊版があふれかえった。中国語のウェブサイト上では海賊版コンテンツがダウンロードし放題となった。

書籍の海賊版は１９９８年頃から、掲示板サイトで転載されていった。書き手も海賊版が浸透する状況を活用し、まずはオンラインで作品を書き、海賊版で名前を知ってもらい、人気になった後に出版化につなげるという手法をとった。

２００２年よりネット文学サイト（自作小説投稿サイト）が続々と登場し、有料会員向けの専用コンテンツという形で、作者にマネタイズの道が現れたかに見えた。が、閲覧ユーザーはきわめて少なく、有料コンテンツはさまざまなサイトに転載されてしまう。結局、有料サービスはうまくいかず、書き手は従来どおり、ネットでタダで読ませてリアルで出版する道を選んだ。

音楽の海賊版の登場は２０００年頃からとされている。当初、音楽データはサイズの小さなｍｐ３形式のファイルでシェアされていたが、２０００年代前半にポータブルｍｐ３プレーヤーが登場すると、ｍｐ３プレーヤーで聴くために海賊版をダウンロードする人が多く登場した。

検索サイト百度（バイドゥ）のｍｐ３ファイル検索サービスは、曲名を検索すると、検索結果画面から直接海賊版ファイルの音楽が聴けてダウンロードできるというものだ。このサービスがはじまると、海賊版の音楽ダウンロードが一気に広まった。

動画の海賊版は、２００５年、ユーチューブが誕生したのと同じ年に、中国でも「土豆（トゥドゥ）」や「優酷（ヨウクー）」といった動画サイトが登場して広がった。当初は正規版配信の声はないに等しい状態だったが、２００８年に北京オリンピックの海賊版動画配信を政府が取り締まったことで、状況が変わっていく。

２０１０年、海賊版取り締まりキャンペーンがスタート

２０１０年以降には、大手サイトが反海賊版連盟を設立するなど、企業も啓発運動をはじめ、少しずつ正規版の存在が認知されるようになる。こうした市場環境に適応しようと、企業が競って中国国内外の正規版コンテンツの配信権を爆買いするようになった。

政府が著作権法改正やコンテンツ配信についての通達を発表しだしたのも、反海賊版取り締まりキャンペーン「剣網行動」を開始したのもこの時期だ。

剣網行動では海賊版封じを名目に、ネット上のファイル保存サービス（クラウドストレージ）を次々と閉鎖した。また、ネット大手の阿里巴巴（アリババ）や騰訊控股（テンセ

ント）などの企業努力により、正規版コンテンツを無料と一部有料で配信するようになり、コンテンツホルダーが違法配信者を訴えることが当たり前となった。

海賊版が減少した背景にはスマートフォンの普及もある。ネットアクセスに使われる機器の主役がパソコンからスマートフォンとなり、海賊版問題は大きく改善していった。ネットユーザーはパソコンを使って海賊版を検索するよりも、スマートフォンアプリでコンテンツを楽しむことが多くなったのである。

いい換えれば、スマートフォンで海賊版を探すことがひどく面倒くさいことがユーザーの行動を変えたのだ。同時に、海賊版コンテンツが多いアプリは消されるようになった。スマートフォンが普及したいまでも、海賊版を探せば見つかるが、労力がかかるようになった。

スマートフォンと電子決済の普及により、動画コンテンツにちゃんと対価を払って買おうという動きが補強されたという面も忘れてはいけない。また、有料コンテンツを「シリーズの最新回のみ」とし、それ以前の動画は無料とするサービス設計も要因の一つだ。

人気ドラマや人気アニメシリーズの最新回だけを有料にし、そのコンテンツを見ようとするとQRコードが表示され、スマホのカメラでそれをスキャンして支付宝（アリペイ）や微信支付（ウィーチャットペイ）で費用を支払い視聴できるという方式は、いまや動画配信サービスでよく見られる手法だ。

気になる有料動画を見つけても、まずは動画サイトの有料会員にならないと見られない方式に比べ、有料動画コンテンツを利用する垣根が低い。だから、コンテンツを買おうとする人が増えているわけだ。

スマホゲームに金をつぎ込む「土豪（トゥハオ）」

政策の転換とスマートフォンの普及によって、正規版が普及した。以前は、ハードは売れてもコンテンツはまったく売れない時代がつづいていたが、一気にゲームなどのコンテンツが産業として成立する時代が到来した。

ＣＤ－ＲＯＭによるゲームはまったく振るわなかったが、インターネットの普及と高速化でゲームを出した後も更新できるようになり、後からおかしな点を修正してブラッシュアップしていった。

スマートフォン普及前にも、パソコン用ネットゲームは稼げる産業だった。パソコンのオンラインゲームは遊ぶのは無料だが、アイテムは有料で買わなければならず、基本的にはアイテムを買わないとゲームがまともに楽しめない。通常のゲームとは違い、運営会社が不正を監視しているため、海賊版が入り込む余地もない。

オンラインゲームというと敷居が高い印象があるが、ブラウザ（インターネット閲覧用ソフト）だけで遊べるライトユーザー向けのゲームも人気を呼んだ。

２００５年頃には、テンセントの人気チャットアプリ「ＱＱ」の利用者同士で対戦できるゲームプラットフォーム「ＱＱ遊戯」上で、多人数対戦テトリスが人気になった。２０09年頃には、日本のｍｉｘｉ（ミクシィ）でブレイクした「サンシャイン牧場」のような牧場経営ゲーム「ＱＱ農場」が登場し、よく遊ばれた。ちなみに、サンシャイン牧場もＱＱ農場も中国製のゲームだ。

そしてスマートフォンが普及すると、ゲームはスマートフォンで遊ぶのがスタンダードとなった。やはりスマートフォンでも課金してアイテムがもらえるスタイルのものばかりとなり、利用者は人気タイトルに金をつぎ込んでいった。

余談だが、中国で成り金を意味するネットスラングに「土豪（トゥハオ）」という単語があるが、「驚くほどゲームに課金する人」をこう呼んだことに由来するものだ。

ビリビリ――中国産ゲームは日本でも人気

ゲームだけではなく、動画コンテンツでも正規版が普及し、稼げる産業となった。

動画サイトに「bilibili（ビリビリ）」というサイトがある。ニコニコ動画を模した、画面上にユーザーからのコメントが流れるサイトであるが、本家のニコニコ動画が未上場の一方で、２０１８年3月に米ナスダック市場に新規上場を果たした。上場時の時価総額は約３０００億円を超えた。

ビリビリは最初、海賊版コンテンツばかりを配信していたが、日本のアニメなどの配信権を購入したうえで、中国向けの正規版コンテンツを配信するようになった。と同時に、中国の微博（ウェイボー）やウィーチャットなどの他のネットサービスがそうであったように、ビリビリは単なる模倣から改良をつづけ、本家ニコニコ動画を超える使いやすいサービスへと変わっていった。

コンテンツに関しても、日本発の動画に字幕をつけるだけでなく、中国語声優による中国吹き替え版動画を実験的に出すようになった。また２０１８年5月には、日本でのコンテンツ制作に乗り出すべく、東京に制作スタジオを開設し、ビリビリオリジナルの作品を年間3本制作すると発表した。

ビリビリは日本的なゲームの開発、運営にも関わっている。日本で開発され人気となっている「ＦＧＯ（フェイト　グランドオーダー）」の中国での運営はビリビリがおこなっているし、一見すると日本のゲームのように見える「アズールレーン」はビリビリの子会社が開発したオリジナルのゲームだ。アズールレーンは中国本国だけでなく、日本でも受

4-6　中国産の人気オンラインゲーム「陰陽師」

け入れられた。

　ビリビリはもはやニコニコ動画の模倣サイトではなく、中国における日本のアニメ・ゲーム系サブカルチャーのファンが集《つど》うサイトになっている。そして、そのサービスもコンテンツも、本家を超えんばかりの成長を遂げている。

　ビリビリだけが日本のカルチャーを配信しているわけではない。ビリビリをライバルとし、日本のサブカルチャー系動画などを配信する「ＡｃＦｕｎ」というサイトも、中国では多くのユーザーを有している。

　一方、ビリビリをはじめとした中国企業によって日本のアニメやオンラインゲームの中国での配信が広くおこなわれた結果、日本の声優の知名度はかつてないほど高まっている。

こうした日本人声優人気の高まりのなかで、大手ネット企業の網易（ネットイース）は２０１６年に、日本の中世を舞台とし、日本の声優を大量起用した「陰陽師《おんみょうじ》」という中国産のオンラインゲームをリリースした。

陰陽師は中国市場をターゲットにしながら、日本の中世を舞台に日本の声優がキャラクターを演じるゲームである。ほとんどの中国人プレーヤーは声から意味を聞き取ることはできず、字幕に依存するしかない。

それなのに、このゲームは中国市場で大ヒットした。画像、音楽ともに素晴らしく、中国企業が日本企業と比べても遜色《そんしょく》ない和風ゲームを作り出したという点で、ほかに類を見ないケースである。

「陰陽師」は人気だが、依然として中国産コンテンツの多くは中国の文化や生活や歴史に根差したものであり、そうした中国独自のアニメやゲームが今年も続々と誕生している。

ビリビリには日本のサブカルファンが集うが、中国の動画サイトでどのようなポジションなのかといえば、人口比率ではかなりマイナーなほうに属する。２０１７年９～12月における動画サイト内での総再生数は、テンセントの動画サイトが圧倒的であり、これに

「愛奇藝（アイチーイー）」と「優酷（ヨウクー）」がつづく。ビリビリはこの３大サイトと比べるとわずかな量しか視聴されていない。

中国の国産アニメもゲームも、日本のものと比べても遜色なく、中国人が満足できるレベルに成長している。そういった作品はテンセントの動画サイトや愛奇藝でも視聴可能なため、必ずしもビリビリで日本のコンテンツを視聴する理由がないのも一因だろう。

中国人が日本を含む国外の作品の海賊版に依存していたのは昔の話。中国は正規版を購入する一方で、自国産の良質なゲームやアニメをはじめとしたコンテンツを充実させることに成功した。

そして中国国内に普及させるだけでなく、海外進出にも成功している。

中国発の動画カルチャーはいま、日本の若者の手元に届いており、日本の若者はそれを受け入れている。中国のコンテンツもいまやＳ級となっている。

５　ネットサービスこそＳ級中国ＩＴの本丸

中国の「製品」というと、まずハードウェアを思い浮かべるのではなかろうか。だが中国のすごいＩＴを振り返ると、ソフトウェアやサービスのほうがハードウェアよりよほど多い。２０１１年頃から中国のネット企業の台頭が顕著《けんちょ》になってきた。若い読者であれば、Ｓ級中国として中国製のゲーム、写真補正や動画サービスなどのネットサービスを思い浮かべるかもしれない。

現在中国のＩＴの代表企業といえば、オンラインショッピングのアリババや京東（ジンドン）、ＳＮＳやゲームのテンセント、検索のバイドゥ、「Tik Tok（ティックトック）」などの動画、ニュースアプリの字節跳動（バイトダンス）といったネット大手の名がまず挙がる。ハードウェアのＩＴ企業だとパソコンのレノボや、スマートフォンのファーウェイなどが有名だが、ネットサービス系に比べて数は少ない。

ネットサービスもアンドロイド以降のハードウェアと同様に、クオリティを向上させている。最初は首をかしげるような出来ではあったが、更新を重ねることでS級にいたるまで質を高めた。ネットサービスを支えるクラウドサービスも更新を重ね、いよいよS級中国は確固たるものとなっていく。

ここで、日本で話題になった中国のS級ITサービスを紹介しよう。

アリババ――簡単決済「アリペイ」で中国ECの最大手に

まずはアリババのオンラインショップの「淘宝網（タオバオ）」に「天猫（Tmall）」だ。この2つのサイトは、中国のオンラインショッピング普及の立て役者だ。中国の存在感が高まるなかで、日本からも出店しようという動きが広がっている。

タオバオはヤフーオークションやメルカリのような個人対個人の取引サイトで、Tmallは信頼できる企業のみが出店できる企業対個人の取引サイトである。

タオバオが成功した理由の一つはその決済方法だ。2003年に誕生したタオバオは、「ヤフーかんたん決済」のような購入時に購入者から商品代金を預かり、問題なく届けば代金を店に支払う支払仲介サービスの「支付宝（アリペイ）」を導入。2005年には当時、中国でトップだった米サイト「イーベイ」を抜いて、中国を代表するオンラインショッピングサイトとなった。

２００８年に、Ｔｍａｌｌの前身となる「淘宝商城」が登場した。毎年11月11日に「独身の日（別名双十一、ダブルイレブン）」セールがおこなわれ、毎年、累計取引額の記録を塗り替え、規模を拡大している。２０１８年にはこの１日だけで約３兆５０００億円が取り引きされ、これまでの記録を更新した。これは楽天の１年間の流通総額を上回る数字である。

年を重ねるごとに倉庫のスマート化やドローンの導入など、物流でも新たな取り組みをおこなうのが特徴で、テクノロジー面でも世界中のＩＴ関係者に驚きを与えている。独身の日を狙って億単位の消費者がネットで買い物をするが、それでもシステムが停止したり遅くなったりせず処理しきるクラウドサーバー「阿里雲（アリクラウド）」も、アリババのＳ級サービスだ。

「ウェイボー」――本家を超えた中国版ツイッター

２００９年からはツイッターに似た、マイクロブログの「微博（ウェイボー）」が日本のＩＴ技術者界隈《かいわい》で話題となった。ウェイボーにはもともと、新浪（シナ）というネット企業の「新浪微博」と、テンセントの「騰訊微博」の２つがあったが、現在は騰訊微博が撤退し、新浪微博が微博と改名して唯一《ゆいいつ》のサービスとなった。新浪によると２０１８年末

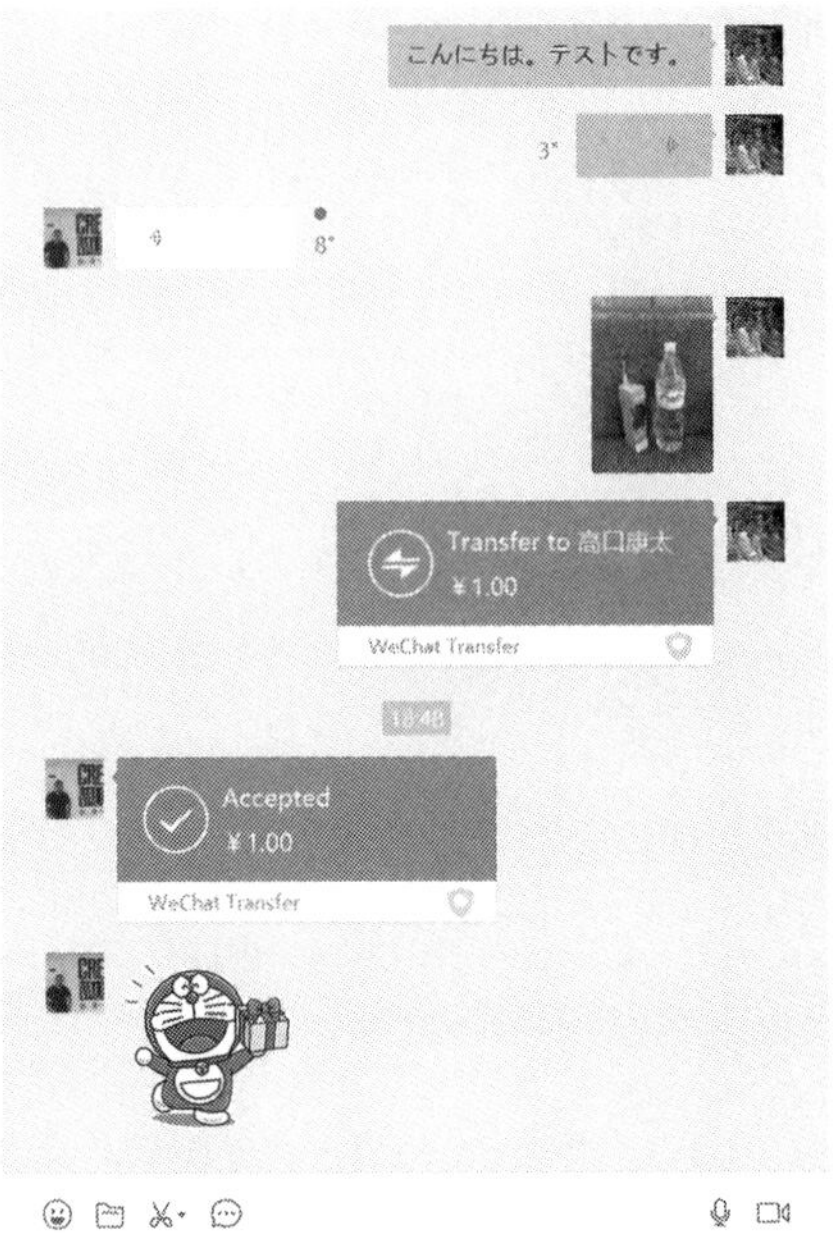

4-7　ウィーチャットの送金画面

のウェイボーのユーザー数は４億６２００万人程度だという数字が出ている。

ツイッター似のウェイボーがあるなら、フェイスブック似のサービスもある。「校内網（シャオネイ）」、のちの「人人網（レンレン）」というサイトなのだが、こちらは模倣の域にとどまり、フェードアウトしていったので、現在中国では定番のフェイスブックもどきから成長したサービスはない。

中国のウェブサービスは模倣の連続であったが、ウェイボーは更新に更新を重ね、もはやツイッターのモノマネを超えた存在だ。頻繁なアップデートでツイッターにできない機能を次々と追加していった。

たとえば、中国のＩＴサービスで欠かせないＱＲコードを最初に本格導入したのは、テンセントの騰訊微博だった。また、新浪微博については独自発展を高く評価する声や、宣伝ツールとして活用しようとする日本からの声をよく聞く。

テンセント──「ウィーチャット」がキャッシュレス化を促進

２０１１年にテンセントがリリースした「微信（ウィーチャット）」は、現在中国人がもっとも利用する国民的サービスだ。ウェイボーとウィーチャットの違いは、ウェイボーが不特定多数に情報を発信するサービスであるのに対して、ウィーチャットはＬＩＮＥのような個人と個人がつながるためのサービスである点にある。

ウィーチャットは２００９年に登場した米「WhatsApp（ワッツアップ）」の後に出た類似サービスであり、ＬＩＮＥよりも誕生は早い。ウェイボーと同じくモノマネにとどまらず、グループチャットや入力機能など他サービスにはないさまざまな機能を追加していくことで、独自性を高めていった。

ウィーチャットで追加された注目機能の一つが電子決済機能「微信支付（ウィーチャットペイ）」である。ウィーチャットペイと、前述のアリペイ（ただし運営企業はアリババからアントフィナンシャルに変わった）は、電子決済で中国の光景を変えた。

チェーン店やモールはもちろん、個人商店や食堂や市場の野菜売りまで、売り手は印刷された決済用のQRコードを掲示し、電子決済に対応した。これらを都市部の多くの若者が利用するようになり、現金を使わずスマートフォンだけで支払いをすます「キャッシュレス化」が一気に進んだのである。ウィーチャットのユーザー数は2018年に10億人を突破した。

グーグルやツイッターを締め出した保護政策で成長

B級ネットサービスは中国はもちろん日本にもあるが、S級ネットサービスは日本よりも中国のほうが多い。ここで挙げたサービスは、あくまで日本の注目を集めたネットサービスにすぎない。

中国でS級ネットサービスがいくつも出てきた要素は2つある。ひとつは政府の保護政策、もうひとつは2015年以降に顕著《けんちょ》になった、ネット企業の上場ラッシュや大手ネット企業のベンチャーへの投資が挙げられる。

保護政策とは、政府が検索サイトでグーグルを締め出しライバルのバイドゥを普及させたことをはじめ、ユーチューブを締め出し中国の「優酷（ヨウクー）」などの動画サイトを、ツイッターを締め出しウェイボーをそれぞれ普及させたことを意味する。このおかげで中国では世界的なサービスが普及せず、自国企業が提供するそっくりサービスの利用者数を伸ばすことができたのである。

中国からツイッターやグーグルを利用するには、特殊な方法を使わなければならなく、その難易度は年々高まっている。ベトナムなど中国以外でも世界的なサービスへのアクセスを阻《はば》むインターネット上の「壁」を構築してはいるが、その壁を越すための難易度は低く、市民は米国発のサービスを利用している。中国と他国のネット検閲を比較すると、中国のそれは世界一である。悲しいかな、検閲もＳ級なのである。

ＱＲコード決済で続々と生まれる新サービス

ＱＲコードを活用した電子決済で物販の店舗やレストランを挙げたが、それだけにとどまらない。この電子決済による支払いが本格的に普及したきっかけが、２０１５年にはじまった滴滴（ディディ）の配車サービスだ。

さらに２０１６年から摩拝単車（モバイク）やｏｆｏ（オッフォ）のシェアサイクルが街中に置かれ、フードデリバリー（出前）やネットスーパーの利用増加にともない宅配のバイクや自転車が走るようになった。だれの目にもわかるほど、中国の街の様子が一変した。

フードデリバリーは配達員が専用アプリからの依頼を受けて、食堂やレストランから弁当を、あるいはコンビニやスーパーから商品を受け取り、電動スクーターなどで依頼主に運ぶサービスだ。配達員は黄色や青い制服を着ているので、すぐわかる。

ディディもフードデリバリーも、多くの市民ドライバーが小遣い稼ぎに配達員となっている。デリバリーや運転手などの肉体労働を請け負う人がどこの都市にも大勢待機していて、すみやかに届けてくれる。評価する対象が少しずれるが、この人材が豊富な状況も他国には真似できない中国の「すごい」部分だ。

電子決済が普及したことで、2017年以降は、こんな新サービスも登場している。

・ジュースだけでなくお菓子や化粧品などを販売する「キャッシュレス自動販売機」
・ガラスばりの空間に2人程度が入って歌える「無人カラオケボックス」
・スマートフォンを充電するモバイルバッテリーの時間貸しサービス「シェアバッテリー」
・QRコードを表示させて自動改札機に読み込ませ電子決済で支払う「キャッシュレス自動改札機」

新しい製品・サービスは次々に現れ、全国に普及していく。それらはS級中国のイメージにさらに拍車をかけ、中国のサービスはますますIT関係者に広く知られるようになった。日本からの「中国に学べ」という声もこのあたりからよく聞くようになった。

個人の信用スコアをサービスにつなげる「セサミ・クレジット」

ほかにも第1章でも触れられている「芝麻信用（セサミ・クレジット）」は、一気に普及した新しい信用情報サービスとして、中国国外のＩＴ関係者の興味を集めた。

アリペイの一機能であるセサミ・クレジットは個人情報を多く登録し、アリペイでの支払いが多ければ多いほど信用スコアが上がる仕組みで、スコアが上がった結果、敷金不要で家が借りられたり、デポジット不要でさまざまなモノを借りることができたり、お金が借りられるようになる。逆に、借金踏み倒しや信用スコアを担保にレンタルした製品を返却しないなどの行為があれば、信用スコアが減少する。

これにより新ビジネス立ち上げのための借金がしやすくなり、オンラインショップを運営する人が増えた。セサミ・クレジットの試みは世界的にも新しいもので、その目新しさで評価される反面、総監視社会に向けた動きとしてとらえる外国の報道もある。

「ティックトック」——中国発の動画カルチャーが当たり前に

日本の若者はアニメやゲームだけでなく、バイトダンスのスマートフォン向け動画サービス「ティックトック」を積極的に使いはじめた。

ティックトックはスマートフォンで撮影した動画をもとに簡単に音楽をつけて編集し、

アップして他の人に見てもらうというもの。ティックトックの動画の多くが自撮りであり、中国人には慣れた行為だが、日本人の上の世代には恥ずかしい。だが日本の若者は自撮りが恥ずかしいという先入観はなく、すんなりと中国の文化を含めてネットサービスを受け入れたわけだ。

アリババ、テンセント、バイドゥなどの大手ネット企業は、未来を見据えて、ＡＩやビッグデータ、クラウド、ブロックチェーン、ＩｏＴなど、新技術を圧倒的な資金力と人材で研究・開発している。今後は車も、さまざまなネットテクノロジーを導入した中国車が登場するだろう。ネットサービスの裏方を支える技術もＳ級であり、ひきつづき中国のネットサービスはＳ級でありつづけるだろう。

6　中国製品・サービスの真骨頂

進化をつづけてＳ級品になる

ここまで中国ＩＴについて、その歴史的変化についてまとめてきた。どうしようもないＢ級製品から着実に変化してきたことがおわかりいただけたのではないだろうか。

アンドロイドが中国のＩＴ製品の本質を大きく変えた。登場したときにはしょぼい製品でも、市場で受け入れられ多くの利用者がいれば、ハードウェアでもソフトウェアでも質を上げていきＳ級製品へと進化する可能性がある。

反対にいえば、短期間でＳ級製品となるサービスや製品はほとんどない。普及してブラッシュアップされたサービスや製品こそがＳ級となりやすい。中国を視察するなら、新たに出てきた話題のモノばかりを追うのではなく、本当のＳ級製品やサービスを学んでいくべきだろう。

そのためには、長い時間をかけて進化を遂げたＳ級製品を見つけ出すことが大切になってくる。Ｓ級のサービスや商品は、ぽっと出のように見えて、じつは市場に出てからの数々の修正の結果、やっと現在のような理想的なビジネスモデルにたどり着いている。

なぜそれが市場で評価されるのか、ユーザーをひきつけているのか。中国製品と向き合うとき、「すごさ」の裏にある本質的な価値を見落とさないことが大切だ。

第5章　分厚くなった中国のステーキ

田中信彦

1　中国人の暮らしはなぜ豊かになったのか？

「普通の中国人」はいくら稼いでいるのか

中国人は豊かになったとはいうが、いったいいくらぐらい稼いでいるのか。

とりあえず公式の数字を見てみよう。国家統計局によると、２０１７年の全国民の年間平均収入は２万５９７４元（対前年比７・３％増）で、農村部だと１万３４３２元（同６・５％増）である。つまり全国平均で１人当たり年間42万円ぐらい、農村だと１人当たり年間21万円ぐらいになる。

ずいぶん少ないようだが、これは国民１人当たりだから、仮に夫婦２人に子供１人とすれば、一家の年収は１２０万〜１３０万円ぐらいになろうか。

もちろん大都市に限定すればもっと稼いでいる。18年上半期の北京《ペキン》市のホワイトカラー月額平均給与は１万７７１２元。全国上位50都市の平均だと８７３０元になる。夫婦で働くのが普通だから、大都市のホワイトカラーの平均月収は日本円で28万円ぐらいにはなる計算だ。

農家の賃金は10年で3倍

私の友人の実家が内陸部の安徽《あんき》省の農家で、シイタケを栽培している。収穫の繁忙期に、農家は周辺の村にいるふだんは子育てなどをしている女性や一線を退いた高齢者などに臨時に手伝いに来てもらう。その賃金が２００６年には日当50元だったものが２０１７年には日当１５０〜２００元に上がったという。10年ちょっとで3倍。つまり農村部で単純作業に従事する人の賃金が１日当たり日本円で３２００円ぐらいにはなっているということである。

まだ平均すれば日本よりは低いが、中国はとにかく人口が多いので、高所得層の比率は低くても、合計ではそれなりの人数になる。最近、よくいわれる言い方は、月収１０００米ドル以上の人が現時点で2億人ぐらいおり、２０２１年までには世帯の月収が１万２０００元（約19万円）を超える家庭が、１億世帯を超えるだろうという。

日本では中国は貧富の格差が大きいとのイメージが強い。それはそのとおりだが、そうはいっても低所得層の収入も着実に増えている。お金持ちのお金の増え方のほうが速いので格差は開いているが、貧しい人はますます貧しくなっているわけではない。このあたり

5–1　農村部の暮らしはまだまだ質素。「毛沢東信仰」も根強い

が、中国社会がさまざまな問題をはらみつつも、どうにか安定を保っている理由だろう。

タダ同然の不動産が巨額の資産に

中国の普通の人たちが豊かになった理由はいくつかあるが、最大の要因は不動産価格の上昇による資産効果である。そのメカニズムについてご紹介しよう。

かつての社会主義計画経済の時代、都市部の人々は自分の所属する勤務先から住宅を提供され、そこに住んでいた。毎月タダ同然の管理費のようなものを支払うだけ。住宅は勤務先の敷地内にあるのが普通だった。

役所や有力な国営企業ほど街の中心部にあることが多かったので、中国では市街地の交通便利な場所に大勢の人が住んでいた。この点がのちのち大きなポイントになってくる。

１９９０年代に入ると、その住宅（正確にいえば住宅の「使用権」）を、本人たちに無償か非常に安い価格で譲渡する政策がはじまった。もともとタダ同然の費用で住んでいたので、売り渡し価格は非常に安かった。上海市内ですら1平米当たり日本円で数千円といった金額だった。

かくして中国の都市部では、それまで職場の住宅に住んでいた数百万、数千万の住民たちが、大きな負担なしに不動産を所有するという状況が実現した。しかし当時、ほとんどの人がその重大な意味に気がついていなかった。もともと自分たちが住んでいた家の名義を、国の所有から自分の名義に書き換えただけ――というぐらいの感覚だったのである。

ところが２０００年代に入り、とくに２００３～04年頃から中国経済の急成長を受けて、都市部の不動産価格は急上昇をはじめ、上海《シャンハイ》などでは場所によっては1年で2倍、３倍の値上がりをするところも出てきた。その結果、多くの市民がタダ同然で取得した不動産が、あっという間に巨額の資産に化けた。

筆者の知人で上海市内に住む50代後半の女性、王さん（仮名）は、父親が１９８０年代半ば、所属する国有企業から市の中心部に2室約40平米の住まいを支給された。王さんの母親は、すでに夫の部屋があるので別途の配分はないのが建て前だが、コネを使って頼み込み、1980年代後半に、市内のこれも中心部に12平米の小さな部屋を獲得《かくとく》した。

さらに王さんは、1990年代半ばのある日、家の近くを歩いていたら、「部屋売ります」という貼り紙を見つけた。約30平米の物件で、値段は日本円で150万円ほどだった。当時、王さんの夫が小商売をやって少し手元にお金があったので、それに自分の貯金と親戚からの借金を加えて、思いきってその部屋を買った。

中国政府は巨大なデベロッパーだった

こうして王さん一家が手にした3つの物件がどうなったか。

まず父親がもらった最初の部屋は、現在の相場は1平米あたり約7万元。40平米だから280万元だ。さらに母親の12平米の小部屋は、間もなくその一帯が市政府の手で再開発されることになり、立ち退き補償が100万元ほどになった。そして最後に王さん自身で買った30平米の部屋が、現在ではやはり1平米あたり8万元ほどに値上がりし、240万元ぐらいの値段がついている。

かくして、3部屋合計で620万元、つまり王さん一家は3軒の不動産で日本円1億円近い資産を得た。

この王さん一家の経験はけっして極端な例ではない。上海や北京などの大都市なら、どこにでもある話である。日本円で数千万円～億単位の資産を持っている人が大都市ならごく普通にいる理由が、おわかりいただけると思う。

１９８０～90年代の改革開放政策の初期、まだカネのなかった中国政府が人民に配分できるものは土地しかなかった。まず、不動産をタダ同然で人民に配分しておき、その後に外資を大量に導入し、道路や地下鉄などのインフラ投資をして地価を上げ、社会を一気に豊かにする。中国政府のこのやり方は、まさに巨大なデベロッパーである。その手腕には恐れ入るしかない。

昔の日本もそうだったが、結局、人が資産をつくる最大の方途は土地である。土地のパワーはまことに恐ろしいものがある。

「地鉄」という名の「打ち出の小槌」

このような不動産価格の高騰《こうとう》を土台から支えていたのが、中国の各地方政府が積極的に建設してきた都市内や近郊部の鉄道網である。中国では「地鉄」と称する。

中国全土の「地鉄」総延長は２０１７年末現在で５０２１キロ。一国の都市近郊鉄道としては最大の規模である。中国の２大都市である北京と上海では「北京地鉄」５７４キロ、

「上海地鉄」617キロに達する。これは東京メトロと都営地下鉄合わせて約300キロの東京の約2倍。ただし中国の「地鉄」は地下鉄だけでなく日本でいう都市近郊のJRや私鉄のような郊外電車も含まれる。そう考えれば、大都市圏の鉄道としてはまだ日本のほうが発達しているといっていいだろう。

中国の「地鉄」はすべて政府の経営で、私鉄はない。そのため、その路線計画はすべて都市開発計画と一体となっている。また、中国の土地はすべて国有で、最大の地主は政府である。人々は「土地の使用権」を売買しているにすぎない。だから基本的に、土地の値段が上がれば上がるほど政府の資産は増え、土地の使用権の売却によって得られる収益は増える。

つまり、平たくいってしまえば、地価が高騰すればするほど政府は儲かる。

そういう仕組みだから、何もない郊外に大量のマンション群やショッピングモール、オフィスビル、レジャー施設などを建設し、そこに鉄道をつくって地価を上げ、政府とデベロッパーが莫大《ばくだい》な収益を得る。まさに「打ち出の小槌《こづち》」である。

このシステムが大都市圏から全国に広がった。政府は口では盛んに地価抑制を叫ぶけれども、本音をいえば政府、とくにこれから値上がり余地の大きい地方の政府にとっては、むしろ地価は上がってくれないと困るのであって、本音と建て前は違う。この点は中国の不動産市場の大きな矛盾《むじゅん》点である。

大型プロジェクトで地価が44倍に

上海市の南西郊外に「松江新城」という開発プロジェクトがある。市中心から約30キロの位置にある大規模な住宅開発区域だ。広さ60平方キロ、最終的には人口60万人を見込む。計画の始動は2001年。地元の松江区政府が音頭を取り、上海市内の有名大学の新キャンパスを誘致して、大学を核にしたハイテクと文化を標榜《ひょうぼう》する新しいタイプの文教都市を建設するプロジェクトである。

中国の大規模な開発プロジェクトに共通するのは「まず大きな器《うつわ》を造って、後から人で埋める」という発想だ。

松江新城の場合、同区政府が広大な農地を半ば強制的に収用して道路や公園、体育館などのインフラを税金で整備。その土地を大手デベロッパーが買い取り、キャンパスを建設して大学に長期リースする。2001～06年にかけて上海外国語大学や東華大学、上海対外経貿大学など有名大学が相次いで進出、そこに満を持したように2007年末、上海市内とを結ぶ地鉄9号線が開通、開発に弾みがついた。

2005年に1平米当たり3000元（約4・8万円）ほどだったマンション販売価格

は、10年には2万元（約32万円）台へと急上昇、投資目当ての購入で多くの物件が完売した。早期に進出をした大学も莫大な資産を得た。

だが、もっとも大きな利益を得たのは地元政府だ。当初、地元政府が農民から買い取った農地の価格は1ムー（約6・67アール）当たり25万元（400万円）ほど。それが現在では900万〜1100万元（約1・4億〜1・8億円）になった。

つまり地元政府は大学誘致をタネに手持ちの土地の値段を36〜44倍にしたわけだ。デベロッパーにとっても、周辺にマンションを建て、将来性をうたって販売すれば莫大な利益が生まれる。

その最大の原動力が「地鉄」の建設である。日本でもかつて高度成長の時代、大都市近郊の鉄道会社は沿線の宅地や商業施設、レジャー産業などを総合的に開発し、その沿線全体の価値を上げることで利益を得るビジネスモデルで大きな利益を上げた。中国の地方政府がやっていることは同様のモデルである。

ただ違うのは、政府が主役だという点だ。政府は「打ち出の小槌」である「地鉄」を存分に振って、巨額の利益を生み出しているのである。

世界の高速鉄道の65％は中国にある

地方都市の開発プロジェクトの中心が「地鉄」であったとするならば、中国という国全体の骨格を形成したのが高速鉄道（中国版新幹線。略称「高鉄」）の建設である。

中国で本格的な高速鉄道（最高時速２００キロ以上）の運転がはじまったのは２００８年。それからはわずか10年ほどで総延長は２万９０００キロに達し、世界の高速鉄道の65％は中国にある。ちなみに日本の新幹線総延長が約３０００キロなので、その巨大さがわかる。まさに「S級中国」の象徴だ。

日本の東海道新幹線の開通（１９６４年）が日本の高度成長期を象徴する出来事だったのをみればわかるように、一つの社会が発展するためにはその身体に見合った仕組みが必要だ。交通網はいわば血管のようなもので、相応の移動手段がなければ社会は正常に機能できない。とくに人口が多いうえに沿海部では人口密度が高い中国は、いわば「巨大な日本」みたいなもので、どうしても高速移動の仕組みが必要なのである。

中国で最初の高速鉄道は２００８年8月1日に開通した北京～天津《てんしん》間、約１２０キロである。設計上の最高速度は時速３５０キロ。その後、09年の武漢《ぶかん》～広州《こうしゅう》（12年に北京～広州に延伸）、11年の北京～上海、16年の上海～昆明《こんめい》など主要路線が次々と開通、すでに全国の主要都市はほぼ網羅されている。

日本の新幹線より速く走る理由

中国では最高速度の時速350キロで営業運転がおこなわれている。看板列車は北京〜上海間1318キロを最高時速350キロ、最速4時間24分で結ぶ「復興号」である。平均時速290キロ超という凄まじい速度だ。中国のこの区間は平野が多く、線路を直線的に敷くことが可能でこの速度が実現した。

これに対して、日本の東北新幹線の「はやぶさ」「こまち」の最高時速は320キロ。東京〜青森間は717キロで、最短所要時間は3時間20分程度。平均時速は約217キロぐらいになる。

日中の差は最高時速では30キロだが、平均時速は中国の高速鉄道のほうが圧倒的に速い。当たり前のことだが、中国は国が広いからといって、そこに暮らす人たちの気が長いわけではない。北京と上海は日本なら東京と大阪に相当する2大都市だが、高速鉄道の開通時、この両都市間を5時間半〜6時間で結んでいた。これでも相当な速さだが、当時、大半の旅客は飛行機を選択していた。しかし2017年夏、「復興号」が4時間半程度で走るようになると、高鉄利用者は一気に増えた。

要するに、所要時間が4時間程度を境に鉄道と航空機の利用が分かれるという経験則は、中国でも日本でも大差がない。しかし北京〜上海の距離は東京〜大阪の2倍以上ある。だから中国の高速鉄道は日本の新幹線より速く走らねばならない「宿命」があるのである。

２０２０年までには中国高速鉄道の総延長は３万キロに達する見込み。将来的には旅客は原則的に高速鉄道で運び、在来線の主力は貨物に回す——のが中国鉄道の基本方針。「鉄道といえば高速鉄道」が中国の「当たり前」になりつつある。

「Ｓ級中国」の真骨頂《しんこっちょう》がチケットの予約・販売だ。基本的にオンライン化、ペーパーレス化されており、ＩＣチップが埋め込まれた国民必携の統一身分証と紐《ひも》付けて実名制で販売される。予約、支払いのほとんどはスマホ経由だ。

5-2　すでに世界の高速鉄道の65%が中国にある。新線建設のピークは超えつつある

すでに主要駅では顔認証システムが設置され、駅のゲートで自動的に本人確認を済ませた後、自動改札で身分証をスキャンすれば乗れる（荷物のセキュリティチェックは別途ある）。このあたりのシステムは、日本を圧倒的に凌駕《りょうが》している。

　向上が待たれるのは乗客のマナーだ。以前に比べれば格段によくなってはいるが、いまだに他人の席に勝手に座って譲らない、大声で騒ぐ、大量の飲食物を消費してゴミを放置するといった例は後を絶たない。このあたりはまだ「B級」。

　地方で二等車（普通車）に乗ると、喧騒《けんそう》と食物の臭気《しゅうき》が車内に充満している。まあ、おそらくこれも時間の問題で、徐々に改善されていくだろう。

2　激変する中国人の消費——衣食住＋α

　ここ10年ほどの中国人の生活の変化を一言で表現するならば、それは「都市化」という言葉がもっともふさわしいだろう。中国ではいま全国で、壮大な規模の「都市化」のプロセスが進んでいる。それは歴史的に巨大な農業社会だった中国が、自立した個人を中心にした都市住民の集合体に変化していく過程である。そのプロセスにおいて、中国人の生活様式、消費のパターンは大きく変わりつつある。

「コンビニ文化」が暮らしを変えた

中国の都会生活を劇的に変えたのがコンビニ（中国語で「便利店」）の存在だ。コンビニは中国でも都市生活に不可欠のインフラになりつつある。統計によると中国のコンビニは10万店（日本は５万５０００店）を超えており、２０１７年の年間売上高は１９０５億元（約３兆円）で、対前年比23％増と急成長中である。

先日、内陸部に出張に行ってきた上海人の友人がこんなことをいっていた。

「なにが困ったといって、コンビニがないのがいちばん困る。夜にちょっとお腹がすいても、朝食に何か用意しておこうと思っても、まったく店が開いていない。本当にコンビニは便利だよね」

仕事で北京に行った別の友人も、こういっていた。

「北京だとコンビニを探すのは大変。車で走り回らなければ見つからない。上海だったらどこでもちょっと歩けば必ずあるから本当にありがたい」

中国にも多くの「中華コンビニ」はあるが、中国のコンビニ文化を圧倒的にリードするのは日系コンビニである。上海に中国で初めてのコンビニ、日系のローソンが登場したのは１９９６年。小中学生が学校帰りに、コンビニでおでんやアイスクリームを買って食べるのが日常的な光景になり、はや20年。30代以下の市民にとっては、コンビニは子供のときからの生活習慣として染み込んでいる。

中国のコンビニは、分類すると大きく日本や台湾《たいわん》系の外資勢と、国内勢の2つに分けられる。「2018中国便利店発展報告」によれば、日本勢はファミリーマート（全家）が2181店舗（17年末現在、以下同）と日系ではもっとも多く、つづいてセブン－イレブン（7－11）が1644店舗、第3位がローソン（羅森）で1399店舗。

しかし数の上では中国系の地場コンビニのほうが圧倒的に多く、第1位は「易捷」の2万5775店舗、第2位は「昆崙好客」の1万9000店舗となっている。もっともこの上位2社は国有の石油会社の系列で、全国のガソリンスタンドに併設されている小型店舗。日本の定義のコンビニとはいいがたい。

中華風巨大おにぎり、激辛おでんも誕生

中国のコンビニが急成長をはじめたのは2000年代半ば。その頃から北京や上海などの大都市では、都市部のホワイトカラーを中心に中間層が厚みを持ってきた。郊外にマンションを買って地下鉄で職場に通い、マイカーを持つ層である。通勤距離が延びて家庭で料理をする時間がとりにくくなり、中食《なかしょく》や冷凍食品、レトルト食品などのニーズが出てきた。

一方、都心部のオフィスでは、ランチとしての弁当やサンドイッチ、中華系ファストフード類などの需要が生まれた。こうした生活パターンはコンビニと波長が合う。

商品開発や接客、サービスは中国風のアレンジを積極的におこなっている。弁当やおにぎり、サンドイッチ、おでんといった品目自体は日本でもおなじみだが、味つけや量などは中国流。中華風のたっぷりの具入りで、電子レンジで加熱して食べる巨大なおにぎりとか、炒めもの中心の弁当、カレー味や激辛のおでんなどは現地の発想から生まれたものである。一部の店では店頭であたたかい豆乳を売っているのも中国らしい。

また都市化の進展とともに、市街地の景観や衛生面などの観点から、中国では食品やタバコ、雑誌などを販売する街なかの露店《ろてん》や屋台に対する規制が厳しくなり、それに代わる供給システムが求められてきたことも背景にある。この点、街角の露店や屋台が依然として強い勢力を保ち、コンビニと対抗している台湾やタイのバンコクなどとの違いがある。

ちなみに、２００２年秋、上海に初出店したものの、しばらく鳴かず飛ばずだったユニクロが中国で急激に売れはじめたのが２００６年のことである。いまや日本の小売業を代表する存在ともいうべきコンビニやユニクロが、この頃を境に中国で急成長をはじめたのは偶然ではない。

数億人に達する「未来の中間層」を抱える内陸部が本格的に都市化するのはこれからで、

中国のコンビニの将来性は高い。

なぜユニクロは中国で売れるのか

上海に住む友人の家の家政婦さんが、あるとき、こんなことをいっていた。

「これから買う服はこの会社のものにしたほうがいい。洗濯してみるとわかるが、ほかの会社のものとまったく品質が違う。何度洗ってもヨレヨレにならない。多少高くても、結局そのほうがトクだから、そうしなさい。私もこの会社のものしか買わないことにした」

「この会社」とはユニクロのことである。ごく普通の庶民《しょみん》である家政婦さんがいったこの言葉が、中国でユニクロが売れる理由を端的に物語っている。

ユニクロが上海に中国1号店をオープンしたのは2002年9月。2018年8月末現在、ユニクロは中国大陸に633店舗、香港に28店舗ある。日本国内が827店舗なので、いずれ追い抜きそうだ。

グレーターチャイナ（香港・台湾含む）の売上高は4398億円で、2年後程度をメドに中国大陸で1000店舗、今後5年以内に売上高1兆円、営業利益2000億円を目指すとしている。

中国といえば繊維製品の「本場」である。その中国で日本のブランドがこれだけの成長を遂げているのは奇跡的ともいえる。なぜそんなことが可能になったのか。いくつかの理由があるが、最大のものは品質の高さ（と値段との関係）である。つまり「安くはないが、お買い得」なのである。

圧倒的にコスパの高いユニクロの服

中国国内で売られているユニクロ商品の価格は、たとえばヒートテックの長袖が１４９元（約２４００円）、ウルトラライトダウンのジャケットが３９９元（約６４００円）など、おおむね日本国内より20～30％ほど高い。中国の増値税（日本の消費税のようなもの、すべて内税）が17％あるなどの理由でそうなるのだが、値段からみればけっして低価格ではない。

中国には激安のB級衣料品はたくさんある。しかしその手の商品を買ってみるとわかるが、とにかく品質がひどい。生地はペラペラ、襟《えり》が最初からゆがんでいたり、あっという間にボタンが取れる、ボタンホールに穴が開いていない、縫製《ほうせい》は曲がり放題、包装の中は糸くずだらけ、一度洗濯したらベロンベロンになってもう着られない……といった話がいくらでもある。もちろんそうでない製品もあるが、そういう商品は中国でもあまり安くない。

そういう状況のなか、ユニクロは低価格帯の商品よりは高いが、圧倒的に品質がよいというポジションを確立し、２０００年代後半から急成長した都市のホワイトカラー層の強い支持を得た。要するに、圧倒的にコスパが高い。「お洒落《しゃれ》は求めないが、〝まともな〟ものを着たい」そういう普通の人々のニーズに合致したのである。

それを可能にしたのが、中国のパートナー工場と１９９０年代から時間をかけて構築してきた生産体制だ。通常、アパレルブランドが中国の工場に発注する際は、複数の工場に見積もりを出させ、そのつど、もっとも安い工場に作らせるのが普通だ。

しかしユニクロは違う。特定のパートナーと長期間の関係を結び、どのようにして、できる限り高品質な服を、可能な限り低い価格で、圧倒的に速く、大量に作るかに時間をかけて取り組む。

よい服を高い効率で作るためには、工場だって優秀な人材を採用、育成し、作業環境を整え、最新の設備を買わねばならない。そのためには投資がいる。発注する側が「とにかく安くしろ」「高ければ他社から買うぞ」とばかりいっていたら、それは不可能である。ユニクロは工場と率直に話し合い、「お互いに儲ける」という原則を守り、長期的に両者がノウハウを蓄積し、ともに成長力を高められる方法を模索してきた。

それを20年以上もつづけてきたので、ユニクロのパートナー工場の生産力は質の面でも量の面でも、軒並《のきな》み世界最高レベルに達している。だからこそ高品質で、相対的に低価格の商品を、大量に、速く世界に供給することができるようになった。パートナー工場の中には世界最大級の規模に成長し、オーナーは大富豪になった人が少なくない。

「自分だけが儲ける」のではなく、中国のパートナーと一緒になって成長し、儲ける。こういう姿勢が現在の中国マーケットにおけるユニクロの競争力になっている。こうした発想は日本企業として学ぶべきところが多いと私は思う。

にぎわうマンションのモデルルーム

中国人の消費支出の中でもっとも比率の高いのは住宅の購入である。中国の都市部の不動産が高騰《こうとう》していることは日本でもよく知られている。なぜ中国人は争うように家を買いたがるのか。筆者は先頃、配偶者の実家がある江蘇《こうそ》省無錫《むしゃく》市でマンションを買った。入居はまだ少し先のことだが、そこでわかったのは、中国人にとって「家」の持つ特別な意味だった。

無錫は上海から高速鉄道なら40～50分、車なら2時間強。物件の場所は市中心の地下鉄駅から徒歩15分ぐらい、工場跡地の大規模な開発プロジェクトの高層マンションである。150平米弱の２ＬＤＫで基本的な内装工事済み。物件の最多価格帯は３５０万元（５６

5–3　デベロッパーによるマンションのモデルルーム（江蘇省無錫市）

００万円）ぐらいである。

　上海のような超大都市では住宅購入ブームも一段落した感じだが、無錫のようなその次のクラスの都市では、まだ一定の需要はある。デベロッパーのモデルルームは家族連れでにぎわっていた。打ち合わせスペースのソファはほぼ満席である。

　ちなみに建物の完成は２０２０年の予定で、まだ少し先である。だから実際の部屋を見ることはできないが、日本と同様、立派なモデルルームがある。

　中国人の不動産購入には大きな特徴があって、それは不動産の一次取得者（人生で初めてマンションを購入する人）の平均年齢がきわめて低いことである。不動産情報の大手ウェブサイト「新浪楽居」のデータによると、２０１６年の北京市のマンション一次取得者の平均年齢は27歳。ちなみに米国の平均は35歳、日本とドイツが41歳である。

27歳といえば、大学卒なら社会に出て5年しか経っていない。さらに別の調査では、北京市のある大学では卒業生の約3分の1が卒業後2年間のうちにマンションを購入したという。

１９７０年以降生まれ（40代）の78・８％、１９８０年以降生まれ（30代）の61・１％がすでに自分の家を持っているという別の調査結果もある。１９９０年以降生まれ（20代）でも21・１％である。

全世代を通じた持ち家率は、最近のデータでは90％を超えている（北京大学光華管理学院調査、17年）とされ、これは日本の全国平均の61・７％（総務省調査、13年）と比べると圧倒的に高い。

子供に家を用意するのは親の「義務」

なぜこんな若年層がマンションを買えるのか。本人の経済力だけでは当然無理である。そこには父母、場合によっては祖父母、親戚一同など、一族を挙げての支援がある。

周囲の友人たちが自分のマンションを買う場合でも、その目論見《もくろみ》の先には必ず、自分の子供にいかに資産を残すかという発想がある。だから購入価格の30～40％になるローンの頭金を両親が払うのは、半ば当たり前。住宅取得の世代間扶助《ふじょ》は当然のことと受け止められており、両親は「自分がまだ働けるうちに」と子供のローンの頭金のために、身を削《けず》るようにして貯蓄をしつづける。

その根底には「家（イエ）」の意識があり、「宗族」の概念がある。一族の後継者である子供たちの生活基盤となる家を準備するのは大人として当たり前であって、仮にそれができなければ——やや極端にいえば——子々孫々に対して中国人として当然すべきことをしなかったという負い目を感じ、「メンツのない」思いをしなければならない。そういう性質のものである。

中国人にとって「家」とは、単に住むための道具ではなく、人生そのものの基盤であり、生きていくための土台である。だから賃貸ではだめなのだ。賃貸住宅とはあくまで他人様《ひとさま》の持ち物であって、他人の思惑で左右されるものである。自身や家族の命脈を他人に握られるようなことは許されないのである。

実際、中国の賃貸住宅はまことに頼りないものであって、住むほうの権利がいちじるしく弱い。大家から「息子が海外勤務から戻ることになったから来月までに引っ越してくれ」「あんたより高い家賃を払う人が見つかったから出ていってくれ」などといわれる話はいくらでもある。これでは「家」にならない。

「自分のことは自分と身内で解決する。他人に依存してはならない」

これは中国で生きるうえでの鉄則である。

だから、みんな必死で自分の家を買う。中国で不動産価格がとめどもなく上がっていくのは、こういうところに根本的な理由があるのではないかと思う。

書店ブーム到来、個性的な新型書店が続々

「衣食足りて礼節を知る」ではないが、生活に一定の余裕が出てくれば、次に関心が高まるのはさらに高いレベルの文化的な生活である。中国は漢字という「文字の国」であり、書籍を扱う書店の社会的地位が高い。

中国も日本と同様、Eコマースの影響を受け、リアル書店は苦しい状況がつづいている。しかしそのなかにあって、ここ数年、ユニークな品揃えや独特な店舗形態を持つ新型書店が次々と登場、人気を集めている。メディアでは「書店ブーム到来」との声も聞こえる。

書店が「本」というモノではなく、目に見えない情報やカルチャー、ライフスタイルを売るという方向性を中国に本格的に持ち込んだのは台湾の「誠品《せいひん》書店」といわれている。2004年に「TIME」のアジア版で「アジアでもっとも優れた書店」に選ばれ、日本の蔦谷《つたや》書店はこれをモデルにしたとされる。その「誠品書店」が2015年、江蘇省蘇州市内に大陸初の店舗「誠品生活」をオープンした。

5-4　2015年、蘇州にオープンした「誠品生活」の壮大なエントランス

広々としたフロアに落ち着いた感じのインテリア。蘇州の中国大陸1号店は、古代の神殿を思わせる壮大なエントランスが鮮烈《せんれつ》なインパクトを与える。大型のショッピングモール全体が「誠品生活」というネーミングで展開され、誠品書店はそのキーテナントである。多数のカフェやレストラン、アパレルのブティック、生活用品、雑貨など多種多様な店舗が並ぶ。「書店をコアにした大型商業施設」のイメージだ。

誠品生活は2019年秋、日本（東京・日本橋）に初進出の予定である。

誠品書店以外にも、中国の国内勢では北京の学生街で2014年に誕生した「言几又（Yan Ji You）」も人気が高い。「言几又」とは、「設」の字を分解したもので、「言」はコミュニケーション、「几」は差異とか別格、「又」は多様性を表し、全体では「新たなものを創り出す」ことを意味するという。いかにも理屈っぽい中国の知識人らしいネーミングだ。

現在は全国主要都市に出店しており、「職人精神」をテーマにした凝《こ》ったインテリアに定評があり、知識層やアート系の人々が集まるスポットになっている。

そのほか2011年に広東省《カントン》広州《こうしゅう》で誕生、「大衆」ならぬ「小衆」主義を掲げ、人文、芸術、設計、建築領域に特化して成長してきた「方所書店」、「上海でもっとも美しい書店」として2013年にオープンし、その後各地に店舗網を広げている「鐘書閣」など、個性的な書店が次々と育っている。2017年には、上海に安藤忠雄《あんどうただお》の設計による新華書店「光の空間」がオープンした。

「文化」が商売になりはじめた

こうした「書店ブーム」の背景には大きく2つの要因がある。ひとつには政府による増値税の免除政策である。増値税とは流通段階にかかる付加価値税で、日本の消費税に相当する。

リアル書店が衰退をつづけるなか、中国政府は文化の拠点としての書店経営を支援する方針を掲げ、2013年1月から書籍の小売り、卸売り段階の増値税（書籍は13％）免除の政策を実施した。書店にとって13％は大きい。前述したように2013〜14年あたりに新たな書店チェーンが次々と成長しているのは、これが大きなきっかけになっている。

もうひとつの背景が大型商業施設の急増だ。マイカー時代の到来で都市部やその周辺では巨大なショッピングモールが続々とオープンしている。しかし、数の急増で競争が激化、テナントの同質化が進んでいる。

そこで集客の目玉として着目されたのが大型書店である。書店に来る層は高学歴で、平均所得も高い。加えて、中国の家庭は子女の教育に熱心で、家族連れの来店も多いので確実な売り上げが見込める。

私がかつて住んでいた上海の自宅近くのショッピングモールに、芸術や建築関係の本をメインに、カフェを併設し、雑貨なども扱う小さな書店がある。台湾出身のアーティストがオーナーの店である。最近、友人たちと集まるのはいつもここだ。客層がよいので騒がしくない。オーナーは業界に知己《ちき》が多いから、「こんな人いない？」などと相談するとたいがいの話はメドがつく。

中国の書店とは、いまでもそんな場である。社会の所得水準の向上で、中国もようやく「文化」が商売になる時代がやってきた。そんな感じがする。

知られざる自販機大国・中国

消費生活の高度化にともなって、商品の売り方にも大きな変化が表れている。折からの労働力不足もあって、最近注目を集めているのが自動販売機（以下、自販機）である。自販機といえば日本はお家芸の一つと呼べるほどの自販機大国だが、中国もじつはその日本の後を追うように急激に自販機の数が増えている。

現在、中国国内の自販機は20万～30万台ほどと見られる。２０１３年の5万８０００台から２０１７年までの４年間で３倍以上に増えた。日本の自販機（両替機やコインロッカーなどのサービス機をのぞく）総数３７０万台と比べるとまだ差があるが、伸び率は加速しており、成長余地は大きい。

自販機は中国でも１９９０年代には登場していたが、普及が遅れたのは支払い手段の問題が大きい。機械による現金の識別は硬貨のほうが紙幣より容易なので、自販機は硬貨からはじまった。

日本は硬貨の種類が豊富で、日常的にだれもが一定量の硬貨を持っている。しかし中国では硬貨は事実上、１元硬貨しか流通しておらず、しかも北方では1元も紙幣の比率が高い。中国の紙幣は汚れや損傷の激しいものが多くて識別が難しいうえに、機械の目詰まりや判読不能による受付拒否が頻繁《ひんぱん》に発生しやすい。

5-5　地下鉄駅構内などで自販機が急増中。現金でも買えるが、スマホ決済が主流。企業にとっては消費者の購買行動を把握する狙いもある

加えて、紙幣を受け付けるには大量の釣り銭を用意せねばならず、治安の問題もあってその対応も難しく、普及の足かせになってきた。

状況を変えたのが、スマホアプリの決済システムだ。阿里巴巴集団（アリババグループ）の支付宝（アリペイ）や騰訊控股（テンセント）の微信支付（ウィーチャットペイ）に代表される決済システムは、文字どおり「お財布代わり」として急速に普及、「外出に現金不要」といわれる段階にきている。

近年設置された中国の自販機の大半が2次元バーコードによるスマホ決済に対応しており、これが自販機

普及の強力なきっかけになった。

中国でのシェアトップは日系企業

もう一つの大きな背景が生活の都市化だ。以前、中国人は冷たい飲み物を避ける傾向が強かったが、最近は若い世代を中心にペットボトルのお茶やミネラルウォーター、スポーツドリンクなどを好むようになってきた。都市生活の「24時間化」も自販機の普及を後押ししている。自販機の商品はスーパーなどで買うよりやや高いのが普通だが、所得の向上でその点もあまり問題にならなくなってきた。

マシン自体の進化も速い。最新鋭の自販機は多機能かつ大型で、飲料以外にも食品や衣料、雑貨、菓子、文具など多種多様な商品を扱う。また自らのＩＰアドレスを持ち、通信機能を備えたインテリジェント自販機も増えている。

機械の本体外側にディスプレイを設置、広告スペースとして販売する。表示内容は地域や時間帯によって自在に操作できるうえ、スマホ決済経由で顧客データの収集が可能で、特定の区域や時間帯に絞ったマーケティングもできる。すでに自販機によっては、広告収入が売上高の40％以上を占める例も出ているという。

日本ではあまり知られていないが、じつは中国の自販機のシェアトップは日本の富士電機が51％出資する合弁会社である。ペットボトルや缶入り飲料の自販機では7割のシェアを持つ。中国企業の追撃は急だが、まだ成長余地のある市場だけに期待が持てる。

3 グレードアップする中国人の生活

中国人の暮らしは「変化」と同時に、ますます「高級化」が進んでいる。ここでは人々の生活の質的なグレードアップについてみてみよう。

ステーキをシンプルな味付けで楽しむ

消費生活の高級化ぶりがもっとも顕著《けんちょ》に表れているのが「食」の領域だろう。中国のショッピングモールに行くと、必ずその一角にフードコートがあり、さまざまなブースが並んでいる。

最近、人気なのがステーキの店だ。分厚く切り分けた牛肉が冷蔵ケースに並んでおり、客は好みの肉を選んで味付けと焼き加減を指定する。スタッフがその場で焼き、たいてい

5-6　さまざまな部位の牛肉を選び、その場で焼いてもらう。スタッフがヘラやナイフを使って器用に焼く様子が一種のパフォーマンスに

は厚紙の皿にちぎったレタスを添えて出す。客は店の脇やフードコート内にしつらえられた席で食べる。ワインを飲むわけでもなく、ご飯やパンを食べるわけでもない。まさにステーキを焼いて食べさせるだけの店である。

見ていると、味付けは塩とコショウのみ（中国ではこれを「原味」と呼ぶ。「素材そのものの味」という意味）をオーダーする人が多い。焼き加減は大半の人が「五分熟（ミディアム）」を指定する。

もともと中国の人々は——中華料理を見ればわかるが——、多種多様な素材を使い、複雑な味付けをした

「にぎやかな」「手の込んだ」料理が好きである。肉や魚を焼くだけといったシンプルな料理を好む人は少なく、加えて生もの、とくに肉類を生食する人はほとんどいなかった。ステーキや焼き肉を食べる場合も、まず「よく焼いて」と注文がつくのが普通だった。

中国で「ステーキ」「鉄板焼き」といえば、これまでは肉をまず鉄板の上で細かくサイコロ状にカットし、そこに何種類もの調味料やニンニクなどをまぜてドロドロにしたソースをまぜて完全に焼き上げた、おそらく台湾発祥の「中国風ステーキ」が中心だった。

これはこれで独自の味わいがあるが、本格的なステーキとはいえない。このような料理法が普及した背景には、中国産の牛肉の品質が低く、入念に調理しないとおいしく感じられないという問題もあったと思う。

しかしこの1~2年、上述のようにシンプルなステーキの食べ方が一気に普及してきた。値段は国産牛肉で100グラム当たり30~50元ほど。男性だと200グラム程度の肉を注文することが多いので、日本円で1000~1500円ぐらいか。オーストラリアからの輸入牛だと、その倍ぐらいになる。

中国の若い人たちが、ほぼ立ち食いに近いような状態で、まだ赤みが残る分厚いステーキをほおばっている様子を見ると、「ああ、中国は変わったなあ」と思う。

「食卓の日本化」が進む

中国人の「食」に対するこだわりはすごいが、一方で中国人の食生活は日本と比べるときわめて保守的である。日本の家ではお母さんやお父さんがハンバーグもカレーライスも麻婆豆腐《マーボーどうふ》もスパゲティも普通に作る。もちろん日本化したものではあるが、食べ物に関しては異文化の吸収に非常に積極的だ。外食の状況も似たようなものである。

それに比べると、中国の人々が日常的に食べているものは圧倒的に「中国料理」だ。もちろん中国の料理は地域ごとの特色もあり、素材も調味料も豊富だからバラエティーは豊かである。しかし、日本人ほど外来物の料理を日常生活に広範に取り入れてはいない。

そのなかでやや例外なのが、日本料理に対する姿勢である。日本では第二次大戦後、「食の洋風化」が一気に進んだが、中国では「洋風化」よりは「日本化」が深く浸透しているように見える。日本の漫画が原作のテレビドラマ『深夜食堂』が中国でも大評判となり、中国版にリメイクされ、日本の家庭料理への注目度は一気に高まった。

その象徴的存在は、カレーライスかもしれない。もともと中国にも「カレー味」の料理はあった。しかしそれは調味料の一種のようなもので、昔、食材が乏《とぼ》しかった時代に「母親がとにかくカレー粉をまぶしてなんとか食べられるようにした」（筆者の配偶者談）という類《たぐい》のもので、あまりいいイメージがなかった。

カレーライスの試食販売を20万回

そんな市場にカレーライスを売り込んだのが日本の食品メーカーである。日本のハウス食品は1997年、上海にカレーレストランを開業し、市場調査をおこなった。つづいて2002年、レトルトパックのカレーを発売、2005年に「百夢多（バーモント）」カレーの本格的な販売を開始した。

以来、同社は全国のスーパーの店頭で丹念に試食会を開催、報道によればすでに20万回を超えたという。20万回と一口にいうが、仮に1日100ヵ所で同時開催し、それを365日つづけても5年以上かかる。その努力は驚嘆《きょうたん》に値する。

こうした地道な取り組みによって、地域差はあるものの、都市部の家庭ではカレーライスが日常食として定着しつつある。大きめのスーパーの食品売り場では必ず日系メーカーのカレールーを売っているし、ショッピングモールのフードコートなどでもカレーの店が目につくようになってきた。こういうしぶとい取り組みは日本企業の得意とするところで、いわば日本の「B級グルメ」のカレーライスが中国の食文化に底辺から影響を与えつつある。

代表的日本料理である刺身も浸透している。中国の人々は生魚を食べる習慣はほぼなかった（地域によって一部にはあった）が、最近、高級な中華料理店（日本料理店ではない！）に行けばかなりの確率で「刺身盛り合わせ」がメニューにあり、その主役はサーモンの刺身である。

大型スーパーでは刺身用のサーモンを必ずといっていいほど売っている。にぎり寿司もある。醤油《しょうゆ》７、ワサビ３ぐらいの割合で混ぜ合わせ、黒緑色のドロドロのソース状にして、つけて食べるのが人気だ。

焼き魚も広まってきた。日本発の「居酒屋」という業態が中国にも普及し、そこから焼き魚が家庭にも浸透していった。メインは日本と同様、サバとサンマである。シャケや子持ちシシャモもよく見かける。これも大きめのスーパーなら、惣菜《そうざい》売り場にほぼそのコーナーがある。エビやかき揚げなどの天ぷらが一緒に並んでいることもある。

そのほかざっと思いつくだけでも、豆腐（中国では「玉子豆腐」のことを「日本豆腐」と呼ぶ）やウナギの蒲焼き（中国で養殖《ようしょく》が盛ん）、すき焼き、とんカツ、ラーメン、焼き餃子、日本の醤油、マヨネーズなどといった料理や調味料が急速に広まりつつある。「食」に関する限り、日本と中国はとても相性がよいようだ。

世界最大のスタバは上海にあり

「食」の変化と並んで、中国の人々の暮らしに復活してきたのが「喫茶」の文化である。

中国はお茶の発祥の地であり、折に触れて人々が集まり、お茶を飲む習慣が根付いている。飲み物はコーヒーになっても、これは変わらない。

スターバックス（以下スタバ）は世界中に展開しているが、じつは世界最大のスタバは上海にある。「スターバックス　リザーブ　ロースタリー上海」がオープンしたのは2017年12月。店舗面積は2800平米、各種コーヒーはもちろんのこと、紅茶やドリンク類のほか、カクテルなどのお酒もある。

店内には巨大な焙煎《ばいせん》工場を併設、通常の店舗では味わえない生《なま》の豆からローストしたコーヒーが飲める。フード類も充実しており、店内にはベーカリーがあって、その場で焼いた多種多様なパンが並ぶ。ケーキやチョコレート類なども豊富だ。

こうした大型ロースタリーを併設したタイプのスタバは、当時は発祥の地・米国シアトルにあるだけで、米国外では上海が第1号。スタバの中国重視は鮮明だ。これも「S級中国」の一つだろう。2019年2月、日本（東京・中目黒）に世界5番目となるロースタリーがオープンした。

もともと「茶」の原産地は中国の雲南《うんなん》省もしくは四川《しせん》省、中国東南部の広東省あたりなどとの説が有力だ。「喫茶」の習慣の発祥の地は四川省の成都《せいと》周辺との見方が強い。そこから長江《ちょうこう》沿いに下って上海や蘇州、杭州《こうしゅう》などの江南地域に広まり、日本にも伝わったとされる。

実際、成都の街では、以前より少なくはなったが、いまも多くの「茶館」があり、籐《とう》製のゆったりした椅子に座った人たちがお茶を飲みつつ雑談したり、麻雀《マージャン》を打ったりしている光景を目にすることができる。

しかし１９４９年に社会主義中国になり、古い文化を「封建的だ」と否定する傾向が一時的に強まったこと、経済が極度の不振に陥ったことなどで、中国の「喫茶文化」は長く低迷の時代がつづいた。筆者が初めて中国を訪れた１９８０年代には、ちびた木製の銭湯の椅子みたいなものを路上に並べ、日本円で１杯１～２円のお茶を薄汚れた茶碗で飲ませる店が寂しく営業していたものだ。

5-7　上海市内のど真ん中に登場した巨大なスタバ。神殿のような堂々たる構えが市民の度肝を抜いた

改革開放が本格化し、所得水準の向上にともなって、「喫茶文化」は徐々に復活をはじめた。それなりの店舗でお茶を出し、茶葉を販売する茶館が増え、浙江《せっこう》省の著名な龍井《ロンジン》茶、「鉄観音」などのブランドで知られる烏龍《ウーロン》茶、茶葉に微生物を植え付けて発酵《はっこう》させた普洱《プーアル》茶などが中国全土でも広く飲まれるようになった。

「チーズティー」が市場を席巻

一方でコーヒーも着実に広まり、スタバの中国1号店が北京市にオープンしたのが1999年1月。日本のスタバ1号店オープンが1996年なので、中国進出は意外と早い。

2017年末時点のスタバ店舗数は中国約3300店舗、日本約1300店舗で、やはり中国のほうが市場の伸びは大きい。最近はかなり内陸の地方都市に行っても、オフィス街やショッピングモールなどにスタバの看板が見られるようになってきた。

最近、中国ではカフェのニューウェーブが若い世代の支持を得ている。代表的なのが「チーズティー」で知られる「HEYTEA（喜茶）」である。2010年頃に台湾の屋台で誕生したとされるチーズティーだが、濃厚なクリーム風味が評判を呼び、「HEYTEA」の登場がブームに火をつけた。

上海の筆者の自宅近くの店では、オープン後半年近く経っても数十メートルの行列が消えなかった。自分が並んで買ったチーズティーをプレミアムをつけて転売する人が店の周囲に現れる始末で、大きな話題となった。

今後、内陸都市が富裕化し、生活の都市化が進むにつれてこうした「喫茶文化」はますます成長していくだろう。若い世代がはじめる独創的なカフェも増えており、楽しみだ。

「猫ブーム」に感染した中国社会

中国はいま大変な猫ブームだ。最近の流行語に「吸猫」という言い方がある。これは猫が可愛いあまり、思わず抱き寄せて頬《ほお》ずりしたり、キスしたりして「猫に吸いついてしまう」行為を意味する言葉である。民間シンクタンク「テンセント研究院」の報告によると、全国にこの「吸猫」族が５０００万人以上いるという。その主体は「90后」と呼ばれる１９９０年代生まれの女性である。「吸猫」族の68・５％が女性で、そのうち72・３％が「90后」であるという。

中国社会の「猫化」の背景にあるのは独身比率の上昇だ、と同報告書は分析する。現在、中国には約２億人の成人独身男女がおり、その数は１９９０年の６％から２０１３年の14・６％へと急増している。

この若年層の「おひとりさま」族は自立した生活を愛し、比較的高学歴で可処分所得が高い。争いや競争を好まず、個性重視、快適で「まったり」した生活を希求する傾向が強い。これを「猫型社会の生活態度」と同報告書は呼んでいる。一方で、仕事のプレッシャーは強く、日々の生活で「癒《いや》し」を求めている側面もある。

中国の猫ブームに日本文化の強い影響がある。日本国内も昨今、猫ブームといわれるが、日本人の猫好きはいまにはじまったことではない。「ドラえもん」や「ハローキティ」などの例を出すまでもなく、日本人は猫のキャラクターが昔から大好きだし、日本発の「カワイイ」文化に猫の存在は欠かせない。店頭の「招き猫」も、現在では中国や香港、台湾などで日常的な縁起《えんぎ》物グッズになっているが、流行の震源地は日本である。

「猫空（マオコン）」にみる日本文化の浸透力

中国の「90后」の女性たちと日本文化、そして猫の結びつきをもっとも端的に示すのが、中国の書店チェーン「猫的天空之城（Momicafe）」である。２００９年、江蘇省の古都・蘇州の古い運河沿いに誕生したこの店は、中国での「概念書店（コンセプト・ブックストア）」の先駆けとされる。

店名から明らかなように、日本のアニメ文化、ファンタジーの世界に強い影響を受けている。現在では全国に40店舗以上を展開し、ファンは親しみを込めて「猫空（Mao-kong、マオコン）」と呼ぶ。

「猫空」のコンセプトは「未来に手紙を書く」。店内にあるのは「旅、芸術、絵本、文学」の本だけ。オリジナルの封筒や便箋《びんせん》、文具などが揃えてあり、店のカフェスペースに座ってお茶を飲みながら、未来の自分や友人などに手紙を書く。日付を指定すれば、店が代わりに発送してくれる。店は若い女性でいつもにぎわっている。

「猫空」のすごいところは、自分たちのコンセプトにお客を引き込み、そのスタイルで行動させてしまうところにある。どことなく日本的なやわらかい物腰のスタッフと、手書きの猫のイラストが入ったハガキや便箋を眺《なが》めつつ、「あの街きれいだよね」などと旅の話などしているうちに店の常連になってしまう。そんな力が「猫空」にはある。日本発の「猫文化」の感染力の強さを如実《にょじつ》に示した例といえる。

筆者が中国とかかわりはじめた１９８０〜90年代にかけての中国では、猫を好む人は少なかった。どちらかといえば迫害されていたといっていいかもしれない。街で猫を見かけることも少なかった。

この10年で１８０度の変わりようである。「猫文化」の広がりこそ、生活にゆとりのできはじめた中国社会の大きな変化を鮮明に示している。

電気自動車が変える農村の暮らし

消費の高度化が進んでいるのは都市部だけではない。農村部でも人々のライフスタイルは劇的に変わりつつある。その象徴が農村部での小型電気自動車の普及だ。

中国の電気自動車の動向に世界の注目が集まるなか、中国の農村部では小型・低速・低価格の電気自動車が、自転車やトラクターに代わって農民たちの日常の足になりつつある。小型電気自動車のメッカとされるのが山東《さんとう》省や河北《かほく》省、河南《かなん》省といった華北《かほく》一帯の地域である。

筆者が訪れた河南省商丘《しょうきゅう》市では、農村部を中心にさまざまなデザインの電気自動車がたくさん走っている。報道によると、山東省だけでも2016年1年間の電気自動車の販売台数は60万台を超え、河北、河南の両省を加えると100万台を超える。普及が加速した2010年以降の累計では、数百万台に達すると見られている。

〝草の根〟電動ビークル（小型電気自動車）の強みはそのシンプルさである。アクセルを踏めば走り、ブレーキを踏めば止まる簡単な構造で、最高時速は30〜70キロ。家庭用のコンセント（中国は220ボルト）で充電可能で、1回の充電で70〜150キロぐらい走れる。ほとんどが自宅から10キロ圏内での移動なので、高度な性能は必要がないのである。

多くは1〜2人乗り用で、なかには4人乗りの一見、日本の軽自動車と変わらない外見のものもある。生産しているのは中国の華北一帯、山東省や河北省の企業が中心だ。参入に高度な技術力は不要なので、地場の自転車メーカーや町工場が生産に乗り出した例もある。

値段は日本円で30万円ぐらいからで、現在、都市部に働きに出る農民の月収が８万〜10万円程度まで伸びていることを考えると、十分に手が届く。加えて税制が未整備で、事実上、税金がないこと、構造が単純でメンテナンス費用が安いこと、自動車ナンバーの登録が不要（一部地域では低速電気自動車向けの登録制度がある）など、維持費は安い。おまけに現状では自動車の運転免許もいらない。

5-8　華北の農村部は小型電動ビークルの天下。１人乗り、２人乗りなどデザインもさまざま

家庭のコンセントで充電できるので、走行コストは日本円で約０・８円／キロほど。仮にガソリン車の燃費が１リッター15キロとすると、中国のガソリンは1リッター100〜110円前後なので、コストは7円／キロぐらいになる。燃費だけを比べてみても、〝草の根〟電動ビークルはガソリン車の8〜9分の1程度で済むことになる。

「移動の楽しさ」を知った農民たち

こうしたシンプルなビークルが大量に普及する背景には、農村部の人々の生活スタイルの変化がある。所得の上昇で旧来の農村生活は急速に都市化し、核家族化が進んでいる。自宅を改築し、家族のひとりひとりが個室を持つ。ひとり1台のスマートフォンは当たり前、個人の電動ビークルも同じ構図だ。

現状、主要なユーザーは高齢者とお母さんである。農村部の交通は不便で、高齢者は農作業以外、家に閉じこもっているしかなかった。

しかし電動ビークルのおかげで気軽な外出が可能になった。村の寄り合いや旧友の家にも行ける。お母さんたちの用途は子供の送り迎え、買い物がメインである。電動ビークルなら雨に濡《ぬ》れないし、寒さも防げる。荷物も積める。たまには町の商店街やスーパーに遠出もできる。外出の機会が少なかった農村の女性たちにとって、「家」を離れて個人で動ける範囲が格段に広がったのである。

このように農村の小型電気自動車は、都市部のクルマとはユーザー層も使い道もまったく異なる。既存の自動車というより、個人単位の新しい移動手段と考えるべきだろう。技術レベルは低いが、農村の実需に根ざした市場はきわめて大きい。

旧来のクルマ社会の概念を変える新しいモビリティの形が、中国の農村部から生まれつつあるのかもしれない。

Office of the United States Trade Representative, Executive Office of the President（2018）"Findings of the Investigation into China's Acts, Policies, and Practices Related to Technology Transfer, Intellectual Property, and Innovation under Section 301 of the Trade Act of 1974", March 22.
Todaro, Michael, and Stephen Smith（2012）*Economic Development: Eleventh Edition*, New Jersey: Prentice Hall.
陳秉安（2010）『大逃港　中国改革開放的催生針』広東人民出版社。
国務院新聞弁公室・中国共産党中央文献研究室・中国外文出版発行事業局編（2014）『習近平談治国理政』外文出版社有限公司。

■参考資料

【第２章（日・英・中）】

伊藤亜聖（2016）「世界金融危機以後の広東省経済　NIEs論と「世界の工場」論を超えて」加藤弘之・梶谷懐編著『二重の罠を超えて進む中国型資本主義』ミネルヴァ書房所収、105-126頁。

伊藤亜聖（2018a）『日立総研』Vol.13-1「イノベーション加速都市・深圳「新興国×テック」の時代に日本はどう取り組むのか？」，2018年５月、16-25頁。

伊藤亜聖（2018b）「中国・新興国ネクサスと「一帯一路」構想」末廣昭・田島俊雄・丸川知雄編『中国・新興国ネクサス　新たな世界経済循環』東京大学出版会、17-74頁。

伊藤亜聖・高口康太（2019）『中国14億人の社会実装「軽いIoT」が創るデジタル社会』東京大学社会科学研究所現代中国研究拠点、リサーチシリーズNo. 19。

関志雄（2018）「米中貿易摩擦の激化で減速する中国経済　優先すべきは景気対策よりも改革開放」独立行政法人経済産業研究所HP、「中国経済新論：実事求是」掲載記事（2018年８月30日掲載）。

白石隆、ハウ・カロライン（2012）『中国は東アジアをどう変えるか　21世紀の新地域システム』　中央公論新社。

添谷芳秀（2005）『日本の「ミドルパワー」外交——戦後日本の選択と構想』筑摩書房。

高須正和＋ニコニコ技術部深圳観察会（2016）『メイカーズのエコシステム新しいモノづくりがとまらない。』インプレスR&D。

丁可（2018）「台頭するイノベーション都市　深圳発の起業ラッシュ、各地に拡大」服部健治・湯浅健司・日本経済研究センター編著『中国　創造大国への道　ビジネス最前線に迫る』文眞堂所収。

東京大学社会科学研究所編（1998）『20世紀システム　1　構想と形成』東京大学出版会。

戸堂康之（2010）『途上国化する日本』日本経済新聞出版社。

藤岡淳一（2017）『「ハードウェアのシリコンバレー深圳」に学ぶ－これからの製造のトレンドとエコシステム』インプレスR&D。

【編著者・著者略歴】

高口康太（たかぐち・こうた）：編著
ジャーナリスト。1976年生まれ。中国経済、企業、在日中国人経済を中心に幅広い分野で取材を続けている。著書に『現代中国経営者列伝』（星海社新書）など。

伊藤亜聖（いとう・あせい）
東京大学社会科学研究所准教授、経済学博士（慶應義塾大学）。著書・共著に『現代中国の産業集積 「世界の工場」とボトムアップ型経済発展』（名古屋大学出版会）、『現代アジア経済論』（有斐閣）など。

水彩画（すいさいが）
中国政治ウォッチャー。2004年からブログ「中国という隣人」を運営。公開情報の丹念な分析から信頼性の高い情報を発信し、報道関係者からも高い評価を受けている。

山谷剛史（やまや・たけし）
ジャーナリスト。1976年生まれ。2002年より中国雲南省を拠点に中国などアジア各国のIT事情について執筆。著書に『中国のインターネット史　ワールドワイドウェブからの独立』（星海社新書）など。

田中信彦（たなか・のぶひこ）
人事コンサルタント、中国アナリスト。1990年代初頭から中国での人事マネジメント領域で活動。近著に『スッキリ中国論　スジの日本、量の中国』（日経BP社）。

中国《ちゅうごく》S級《きゅう》B級論《きゅうろん》
——発展途上《はってんとじょう》と最先端《さいせんたん》が混在《こんざい》する国《くに》

二〇一九年五月一二日　第一刷発行

編著者　高口康太《たかぐちこうた》
著者　伊藤亜聖《いとうあせい》＋水彩画《すいさいが》＋山谷剛史《やまやたけし》＋田中信彦《たなかのぶひこ》

発行者　古屋信吾
発行所　株式会社さくら舎　http://www.sakurasha.com
東京都千代田区富士見一-二-一一　〒一〇二-〇〇七一
電話　営業　〇三-五二一一-六五三三　ＦＡＸ　〇三-五二一一-六四八一
編集　〇三-五二一一-六四八〇　振替　〇〇一九〇-八-四〇二〇六〇
装丁　石間　淳
印刷・製本　中央精版印刷株式会社

ISBN978-4-86581-196-4